文庫ぎんが堂

# 男は、こんな女を絶対手離せない。

アンドウミカ

# はじめに

どこに行ってもなぜかサービスされる。なにかミスがあってもあまり怒られない。友達がどんどん増える。困ったときに助けてくれる人が沢山いる。男性に「大事にしたい」と思われる。

ただ、笑顔でいるだけなのに…。

そう、ただ笑顔でいるだけなのに、なぜか得をする。これ、顔が可愛いからじゃないよ。

**この本では、モテるだけじゃなく、「愛される・大事にされる」オンナになるための秘技をお伝えします！**

なにゆえにそんな秘技を伝える必要があるのかと言うと、「モテないのは男の見る目がない」「モテるけど恋愛が続かない意味がわからん」「私なんてどうせモテないから…」などなど、不平不満を言って目の前の幸せに気付かず逃している、大人の女が世にあふれておる！　**そう、自分の価値を間違えている人がすごく多い！**

価値を間違えたまま、架空の王子様を追って孤独死するか、目の前にある幸せをしっかりつかめる女になるか…。

**この、間違えているかもしれない自分の価値と求めるものへの価値観を知って、軌道修正するだけで、今後の人生が大きく変わります！**

かつて私は、自分に全く自信がなく、たいした自分磨きもしないのに人目が気になるダメ子でした。身長143センチで引っ込み思案。身体も小さければ気配も小さく、存在感がない。寄って来るのはダメ男。「男運がないんだよね」が口癖だった。

そんな自分を変えたくて、周囲の「ステキだなー」と思う女性の観察日記を付け、魅力的なところをとにかく研究。自分でも少しずつ取り入れていった。

そしたら、徐々に褒められることが多くなってきて、外見と内面の両方に自信がもてるようになってきて、人から優しくしてもらったり、大事にしてくれる彼と恋愛できるようになった。

それが、この本に書き出したちょっとのこと。これを実践したから。

せっかく女に生まれたんだから、女でいる自分を楽しんで、その上なんだか得だらけで、しかも愛される人生を満喫しよう☆

まずは、「恋したい！」「結婚したい！」って自分の願望ばかりじゃなく、男性が「好きになる」「付き合いたい！」「結婚したい！」と思う女性を目指したい。

自分がどうしたいかを具体的に想像した方がいいなんて説もあるけど、一方的な願望で盲目になる場合もあるから、「人から見た自分って、どんな女性？」と、**客観的に自分を見れる姿勢を身に着けよう。**

自分は割と得をしてると思う？　そうでもないと思う人は、さらに客観的に、周りで得をしてそうな女性と自分の何が違うか、考えてみよう。

女性は見た目の印象も一理ある。

でも、それだけで得をして愛される女にはならない。じゃー、どこが違う？？

見た目、振る舞い、言動、姿勢、そして思考や感情。客観的に自分を見れるようになると、自然と人への対応、人からの対応も変わってくる。

自分磨きをする機会があまりないまま大人になった人も、それとなくチヤホヤされて気付いたら年を取っていた人も、このまま変わらなかったら、要注意だよ！

**この本を手にしたのも何かの縁。**

いい機会なので、しっかり軌道修正してみましょ♪

この本は、どのページから読んでもＯＫ！　気になる項目から自分のペースで読み進めてほしい。

特に、読み始めて「イラっ」とするページは、何度も読んでみてほしい。「イラっ」とするってことは、素直に読めない何かが引っかかってるかもしれないから。

素直に正直に、どのページは「納得～」と思ったか、「イラっ」としたか、ちょっと意識しながら読んでみてね！

4ページにある、「恋愛力チェック」
これに正直に素直に回答して、まず己を知ってみよう。
これは、あなたの「価値」を示すチェックではなく、「知らなかったことを知る」ためのチェック。

この「恋愛力チェック」とその解説を知って、見た目も心も素直で可愛い女子に生まれ変わって、ステキな恋愛を手にした女性が沢山おる。
「でも！」「だって！」より、己を知って「そっか！」と言える女性はステキです。

ここから始めよ、自分革命☆

## step1 モテるだけじゃなく、愛される女になる！

step 2 異性を引き寄せ、恋愛に発展させる

## step3 ずっと一緒にいたい女になる

step4

## 大事なのは容姿じゃない！

## step5 彼が触れたくなる身体を手に入れる

# step 1

# モテるだけじゃなく、愛される女になる!

# 「愛され力」チェック

A、B、C、それぞれ何個あったか数えておいてください。

**01 相手に求める年収は？**

- Ⓐ1000万円以上
- Ⓑ500万円以上
- Ⓒこだわらない

**02 相手の大事な外見は？**

- Ⓐ顔
- Ⓑ身長や体形
- Ⓒこだわらない

**03 相手の家柄は？**

- Ⓐきちんとした家柄
- Ⓑお金に困っていなければ
- Ⓒこだわらない

**04 相手の年齢は？**

- Ⓐ希望年齢がある
- Ⓑ離れ過ぎていなければ
- Ⓒこだわらない

### 05 相手の結婚歴は？

Ⓐ絶対に結婚経験がない人

Ⓑバツ1くらいなら

Ⓒこだわらない

### 06 05でⒷorⒸと答えた方

Ⓐ子供がいなければ

Ⓑ別居していれば

Ⓒこだわらない

### 07 プロポーズについて

Ⓐ理想のプロポーズがある

Ⓑ思い出を作ってほしい

Ⓒなんでも思い出になると思う

### 08 おセックスについて

Ⓐ相性や回数は絶対大事

Ⓑそれなりなら

Ⓒこだわらない

### 09 自分に合ったベストな相手がどこかにいる？

Ⓐまだ出会えていないだけ

Ⓑどこにもいない

Ⓒ時間をかけてベストになる

### 10 恋愛や結婚に大事なことは？

Ⓐどれだけ愛してくれているか

Ⓑ価値観や常識など

Ⓒどれだけ愛しているか

### 11 もし浮気されたら？

Ⓐ自分も浮気する

Ⓑ激怒する or 別れる

Ⓒ怒るけど許す

### 12 ステキな恋人・結婚相手を見つけるために

Ⓐ顔や身体など容姿を磨く

Ⓑ楽しい空間を作る

Ⓒ居心地のいい空間を作る

### 13 求める恋愛中の関係は？

Ⓐ尽くされたい

Ⓑ尽くしたい

Ⓒ一緒にいて楽がいい

### 14 ずっと一緒にいるためにすることは？

Ⓐいつもキレイでいるように心掛ける

Ⓑ彼を自由にする

Ⓒ料理を振る舞う

### 15 自分の女度は高いと思う？

Ⓐそれなりに高いと思う

Ⓑすごく低いと思う

Ⓒわからない

### 16 理想は明確にするべき？

Ⓐ引き寄せの法則
明確に！

Ⓑある程度は

Ⓒ好きになった人が好き

### 17 気になる人からのメール、どうする？

Ⓐ数日返信しないでじらす

Ⓑ数時間はじらす

Ⓒ嬉しいから直ぐ返しちゃう

### 18 恋愛に発展させるまでの期間は？

Ⓐ大人なので時間をかける

Ⓑ気が合えばその日にベッドインも

Ⓒ数回のデートで好きになったら♥

### 19 趣味が違ったら？

Ⓐつまんない

Ⓑ別行動すればいい

Ⓒちょっとは興味を持ってみる

### 20 好きな人ができたらどうする？

Ⓐ口説かれるのを待つ

Ⓑうっすらアプローチはする

Ⓒ自分から好きって言う

Ⓐ…□個　Ⓑ…□個　Ⓒ…□個

## 「愛され力」チェック、結果はどうだった？

さて、各問題の点数内訳、こうなってます。

A・1点　B・3点　C・5点。

この点数を合計してみて。何点になった？


だいたい誰がやっても、点数は低め。点数が高けりゃ安心というわけでもない。

…なにそれ？　そう、これは今の自分を知るためのチェックです。

20代で点数が低くても、まだ大丈夫。精進したまえ！

30代、40代で点数が低かったら、見直さないと！！

高得点なのになぜかモテない人は、見た目の印象はどう？（見た目の印象の変え方、ございます）

まず、現実を受け入れよう。世の中の男性は、何歳になっても若くて可愛い女性を好む。なのに、女性は年齢を重ねたことで得た経験があるので、若いだけの女子よりも自分の価値が上がっていると思っている人が多い。知識や能力、経験を積んだことは素晴らしく、そこは間違いないけどね！


そんな現実の中、大人女子の皆さまは、殿方に何を求める？

まだピチピチ女子も、「若いしー、可愛いしー、男選べるしー」なんて言ってると、要注意だよ！


何でこんなチェックシートで質問をしたのか、これから解説します。

そして、男性が求める女性についても解説します。今は点数が低くても大丈夫。

もう一度言うぞ、**これらの質問の意味を知っておくだけで、今後の恋愛が大きく変わります！**

「点数は高かったのに、モテないんですけど」という方も、大丈夫。モテオーラの作り方を伝授します。まずは、答え合わせから。1つずつ解説していきます。

# 恋愛、結婚に何を求めてる？

## 1 相手に求める年収は？

A　1000万円以上　B　500万円以上　C　こだわらない

金持ちがいいに決まってる！　だがしかし……**年収が1000万円越えの男性は、国内で約2％**。普通に生活しててここを待ってても、なかなか出会えるものではない。30〜40代男性の平均年収は、約430〜620万円。なので、平均年収をもらってる人は、立派。十分です。

だけど、このご時世なにが起こるかわからないし、いろーんな理由で、平均年収に達してない人だって沢山いるわけだ。

その中にもステキな人は沢山いるので、お財布で男性を評価するのはやめましょう。なにかあっても、「私も働くから大丈夫♡」と言える女でいて下さいね。

※高年収の男性は、「高年収好きの女性」を選ぶことは少ない。

## 2 相手の大事な外見は？

A　顔　B　身長や体形　C　こだわらない

男前がいいに決まってる！　だがしかし、既婚者へのアンケートで**「結婚してみて一番関係なかった条件」の1位が、顔**。

外見が好みかどうかで恋したりしなかったりするとは思う。でも恋愛で大事なのは結局外見じゃなくなってくる。体形などは、もはや結婚して長く一緒にいたら太ったり年取ったりして変わるもの。

「いい人なんだけど、デブだから……」、ダイエットに協力しながら自分もダイエット！　男性に「好きだけど、尻が垂れてるから」、なんて理由で断られないでしょ？

## 3 相手の家柄は？

A　きちんとした家柄　B　お金に困っていなければ　C　こだわらない

立派な家系がいいに決まってる！（財産もあるじゃんか）なんて、大人の女性が恋愛するにあたって、やっぱり考えてしまう「結婚」。なんやかんやと「二人が良ければ」ではなく「家族同士の結婚」というのは避けられないのも事実。「私は気にしなくても、親が…」なんて家もある。

でも考えて。家柄が素晴らしい愛のない生活と、家柄は普通だけど愛のある生活と！

由緒正しい富豪だろうが、プレハブの家だろうが、大事なのはその家の人とそれとなく平和に付き合えそうか。**どの家も、他人の家だからたぶんちょっと変だし、それが当り前だよ。**

## 4 相手の年齢は？

A　希望年齢がある　B　離れすぎていなければ　C　こだわらない

わたくし、10歳年上から14歳年下まで付き合ったことがある。変態（笑）。いやいや、人って、年齢あんまり関係ないのよ。どっちも大人だし、どっちも子供だし。大人ポイントや子供ポイントは違えど、年が離れてようが近かろうが好きになったポイントは年齢関係なかったりして。なぜか人は知り合うとまず年齢を知りたがるじゃん。**結局、年齢よりフィーリング**。

## 5 相手の結婚歴は？

**A　絶対に結婚経験がない人　B　バツイチくらいなら　C　こだわらない**

未婚がいいに決まってる！　…はたして、そうかな？　離婚経験があると、離婚するほどの欠点があるんじゃないかとか、結婚するほどの大恋愛が過去にあったのかとかが気になっちゃったり、もし結婚したら「彼にとっては二度目の結婚だから特別じゃないでしょ…」とか考えちゃったり。

でもねー、**離婚の経験がある人ほど学んでる**。どうしたら恋愛や結婚生活が上手くいくかを学んでるから、相手を幸せにできる人が多い。5回も6回もバツがあるのは、どんだけ甲斐性なしなんだっつー話だけど。

## 6 5でB or Cと答えた方

**A 子供がいなければ　B 別居していれば　C こだわらない**

子供がいない方がいいじゃんよ。他人の生んだ子と仲良くできるか、別居してても養育費を払い続けている相手でいいのか、子供と前妻にたまに会うのか、自分との子供が生まれたら…。考えちゃうもんね〜。

でも、離婚歴があって子供がいる人、そりゃいるさ。自分がバツイチ子持ちになる可能性だってある世の中、簡単じゃないけど、なるべく受け入れられる範囲は広く取っておこ。

## 7 プロポーズについて

**A 理想のプロポーズがある　B 思い出を作ってほしい**

C　**何でも思い出になると思う**

そりゃ思い出は欲しいわな。でもね、ここに夢を抱き過ぎてしまってる人もいて、そんな「アタイが抱いてる夢のプロポーズは、この人じゃはたせない！」とか、理想と違ったからげんなりしたら冷めちゃった、なんてことになると大変。

夢みる乙女たち、**何でも受け取り方次第だよ**。

## 8 おセックスについて

A　**相性や回数は絶対大事**　B　**それなりなら**　C　**こだわらない**

はい、ここでAと答える女性はとても多い！　喧嘩しても夜の営みで仲直りしたり、相性合わなくて欲求不満になっちゃったらどうすんだって話だよね。

でもね、どんなに性の相性が良くても、女性はイチャイチャタイムが幸せじゃないと欲求不満になる。**大事なのはイチャイチャタイム**。ここが幸せなら、爺さん婆さんになっても、一緒にお風呂入るようなラブラブ関係が続くはず。

**9　自分に合ったベストな相手がどこかにいる？**

A　まだ出会えていないだけ　　B　どこにもいない

C　時間をかけてベストになる

いつか、このまんまの私を愛してくれる100点の男性と巡り会うはず…。

はい、会いません！　おりません！　「完璧な男性」の「完璧」は人それぞれだけど、自分にとっての完璧な人、ある程度時間を掛けて、お互いがお互いにとってベストな相手になっていくんだよ！

「そのままの君でいいんだよ」って言ってくれる人は、ちょっとイラっとするところも目をつぶって言ってくれてるんだよ！

**ベストな相手は、自分で育てろ。そして、自分も育て！**

**10　恋愛や結婚に大事なことは？**

A　どれだけ愛してくれているか　　B　価値観や常識など

C　どれだけ愛しているか

そりゃ、女は愛されてなんぼでしょ。男が女の尻に敷かれてる方が上手くいくとか言うじゃん。

でも、そうとも限らない。追いかける幸せだけじゃなく、愛される幸せを知るのは、とっても大事。それには「自分も彼が大好き♡」なのが前提！

「こんなにしてあげてるのに！」という**見返りを求める愛情があるうちは、見返りを求める愛情しか与えられないぞ！**

## 11　もし浮気されたら？

A　自分も浮気する　B　激怒する or 別れる　C　怒るけど許す

大好きだけど浮気されても全然平気～なんて人は、そうそういないよね。

でもねー、残念なことに、男はオスなのよ。本能として、色っぽいと認識されるメスが近くにいたら、「うっかり」はありえてしまう。そんな動物でどうすんだってことだけど、オスの「うっかり」はある。

そして、**浮気するのと彼女や妻への愛情は別。**浮気したからといって自分への愛情がないわけじゃない。なので、「猿でアホだなー」と思いながら、1回や2回の「うっかり」は見逃してあげるくらいの器でいよう！

というか、それで全てを終わりにしない信頼や絆を深めよう。

## 12 ステキな恋人・結婚相手を見つけるために

A　顔や身体など容姿を磨く　　B　楽しい空間を作る

C　居心地のいい空間を作る

いつまでも美人でいた方がいいに決まってる！　そりゃそうだ。そして、楽しいに越した事はない。

だけど、疲れてたりテンションが低いときに会いたくない人になっていては意味がない。**どんなテンションのときでも側にいたいと思わせたら勝ち。**

結局ね、居心地がいいところに帰るのよ、男ってのは。

## 13　求める恋愛中の関係は？

A　尽くされたい　B　尽くしたい　C　一緒にいて楽がいい

愛されたいし尽くされたいし、お互いが尽くし合えてる状態って、ステキじゃーん！

……最初はね。お互いが愛情を山ほどふりまきあえたら、楽しいわな。

でもそれ、いつまで続けんの？　ずっと続けられてる人もいるけど、もし「頑張ってる」状態なら、そのうち疲れちゃう。**頑張らなくても一緒にいて幸せ〜ってのが、長続きの秘訣かも。**

ただし最初っからあまり楽にしてると、親友になりかねないから要注意。

## 14　ずっと一緒にいるためにすることは？

A　いつもキレイでいるように心掛ける　B　彼を自由にする

C　料理をふるまう

いつまでもキレイな私が、彼を自由にしていたら……。キレイな人は山ほどいるので、どこかへ旅立ってしまうかも。束縛するより、もちろん信頼関係の上で自由にしていてほしいけど……はい、ここ付箋！

**それには「餌付け」すべし！** 特別なこととしてじゃなく、当り前のように料理を作り続けよう。彼の好みの味をさりげなく聞き出して、胃袋をつかむべし。「一緒に生活したら……」が想像できる状態を植えつけるべしー！

## 15 自分の女度は高いと思う？

**A それなりに高いと思う　B すごく低いと思う　C わからない**

そりゃ、低くはないわよ。なんて人は、「チヤホヤされる＝モテる＝いい女」じゃないことを認識して。**「愛される→モテる＝いい女」**だよ。

低いと思ってる人は、実際は低くなくても自分で「低いです」オーラを出すから、「あー、女度低いのか」という印象を持たれているだけ。自分の価値を自分で下げないで。そもそも、女度なんてのは、自分で高いだの低いだの言うことじゃないよ！

## 16 理想は明確にするべき？

**A　引き寄せの法則　明確に！　B　ある程度は　C　好きになった人が好き**

「趣味を一緒に楽しめる人がいいな～」くらいなら、いいかもねー。でも、「背が高くてー、高収入でー、イケメンでー、誠実でー…」。

その理想が頭の中で固まり過ぎると、理想像からちょっとでも外れると「あら、この人じゃないわ」ってなる可能性大。超危険！

恋するときって、どーでもいい瞬間から始まったりするじゃない。しばらく恋をお休みしてる人は、理想云々より「人のいいとこ探し」をしてみて！

## 17 気になる人からのメール、どうする？

**A　数日返信しないでじらす　B　数時間はじらす**

**C　嬉しいからすぐ返しちゃう**

じらした方が、男ってば追いかけてくるじゃーん！　……えー、そうかな？　そんなね、駆け引きみたいなのがチラっとでも見えた時点で、面倒くせーよー。
そんなことに労力使うより、**「嬉しいからすぐ返信しちゃった♡」**なんて方が10
0倍可愛い。ぜーーーーったい、素直な方がいいから！
ただ、相手のテンションを冷静に見てね、なるべく。ものすごく普通な友達感覚の
メールに対して温度差があり過ぎると、相手は引いちゃうから。温度差要注意。

## 18 恋愛に発展させるまでの期間は？

A 大人なので時間をかける　B 気が合えばその日にベッドインも
C 数回のデートで好きになったら♡

これも、**無駄にじらす必要ないからね！** お互い好きっていうのが確認できたら、
とっととお付き合いしなさいな。
相手が自分のことを好きかどうか全然わからないのに、すぐに寝ちゃったらそりゃ
ダメだけど、数回のデートであっという間に意気投合♡なんて状態なのに無駄にじら
されると、男は「は？　なんで？？」と冷めちゃう場合が多いよ。

## 19 趣味が違ったら？

A　つまんない　B　別行動すればいい　C　ちょっとは興味を持ってみる

趣味が違ったら、どんなデートすりゃいいの！　つまんないし、常に別行動なんてありえない。

だけど、常にべったり一緒じゃなくても、お互い別の趣味があってもいいよねー！　でもでも、**お互いの趣味にもお互いがちょこーっとだけでも興味を持てたら、会話も弾むってもんよ。**柔軟な気持ちで、是非とも自分の知識の幅を広げてちょうだい。

## 20 好きな人ができたらどうする？

A　口説かれるのを待つ　B　うっすらアプローチはする
C　自分から好きって言う

口説かれるのを、ボケーっとずっと待ってる女を何人も見てきたわ……（遠い目）。待ちぼうけの行き遅れ……いつまで待つの！　うっすらアプローチして、いい加減気付くでしょって思ってても、男は信じられないくらい鈍感なので、**自分から好きって言っちゃうくらいじゃないと好かれていることにすら気付かない人、ホント多い。**

うっすらアプローチで釣れないと諦める人が超多いけど、諦めるくらいなら好きって言ってからにして！　これで流れを変えた女も、沢山見てるから☆

はい。20項目の質問の意味を読んでみて、どう？

「このアタクシが、なにゆえ妥協なんてしなくちゃいけないわけ？」とか言ってると、幸せが遠のくよ！　これは妥協じゃなく、**恋愛の価値観の軌道修正**。

自分磨きをするタイミングを逃してきた人も、それとなくモテてきちゃった人も、自分が求めていたことと、その現実と、譲れないところと、言われてみれば譲れるわーってところと、いろいろあったんじゃないかしら。

アレが嫌、コレがダメ…と、自分でストライクゾーンを狭め過ぎるべからず！

# 01

# 男がNGな女になってない？

「愛され力チェック」で高得点だったアナタ、油断すんなー！

リアルなところで、男性はどこにぐっとくるのか。胸キュンポイントは、このあとゆっくり説明するとして、まず出会ったときに「ないわ」と思われては前へ進まない。女性のどこに「NG」と思うのかを知っておこう。

「愛され力チェック」の通りの、**理想が高い女**は「ないわ〜」と思われやすい。その理想を遥かに超えてる男は問題ないのかもしれないけど、なかなか理想の人なんていないからね。

だって、知り合ったばかりの男が「やっぱり女性は、痩せててボインな方がいい。優しくて控えめなのにエッチで！　料理上手なのは必須かなー。あと、束縛しないで、いつも笑顔でいてほしいよねー。毎晩マッサージしてくれて、髪は長くて、声が可愛くて、頭が良くて、お母さんが美人で、あとは…」なんて言い出したら、「こいつ、ないわ」って思うでしょ。

夢を一生懸命追い過ぎてたり、生活があまりに充実し過ぎてて隙がない**忙しい女**も、「誘いづらいから、いいや」ってなられやすい。仕事でも何でも、何かに頑張ってる女の子は、魅力的だと思う。

でも、デートに誘っても「その日は会議で、次の日はヨガの予約入れちゃってて、その次の日は友達と旅行で…」なんて言われたら、「そっかー、頑張ってねー」って言って去るよね。

忙しい男性は、自分に合わせてもらえると嬉しい。忙しくない男性は、一緒に遊びたい。忙しい女だっているっつーの！　とお思いでしょう。だけど、どんなに忙しくても、**「ゆとり」は大事にして**。そこを求める男は多いから。

忙し過ぎる女に続いて耳にするのは、**生活習慣があまりに自分とかけ離れてる女**。

たとえば「私はベジタリアンだから、オーガニック料理は得意ですの」なんて、肉をこよなく愛する男が聞いたら、「うわ、超無理！」って思うよね。

アウトドア好きな男が一緒に外で遊びたいと思っても、「海も山も、日焼けするから行きませんの」なんて言われたら、超つまんないよね。

「部屋がちょっとでも散らかってると、イライラしちゃって！」なんて子が、笑顔で日々の掃除をしてくれるなんて想像できない。

生活習慣がちょっとでも似てるなーなんて思わせると、自然と「一緒にいたら楽しそう」という発想になりやすいから、それとなく彼の生活習慣を聞き出して、「いいねー！」「私も！」と言うようなやり取りを繰り広げて。

どんなに相手の好みでも、胸キュンポイントを押さえてても、「ないわー」と思わせてしまっては意味がないから、しかと心得て！

## 02

# 自分を過大評価するな

何となくチヤホヤされてきちゃった人は、チヤホヤされる素質はあるから、「あたし、モテるし！」って思っちゃう。だけど、**モテるのにモテないという謎の現象**が起こりやすいのがこのタイプ。

男ウケはいいのに、なぜか彼氏ができない。彼氏ができても長続きしない。「モテそうなのにね〜」って言われるけど、言われるほどではない。

…なぜ、こんなことに？

このタイプ、自分がそれなりに男ウケすることを知ってしまってるが故に、謙虚な心がなくなってる場合が多い。↑というのを読んで、「そんなことない！　ぷんぷん！」と思った自称モテ子、本当に謙虚でいられてる？

男性のちょっと嫌な部分が見えると、すぐに「こいつ、違うわ」とあっさりポイする。自分は悪くなくて、男がダメ。自分はいい女だけど、いい男がいない。
自分に合う男がなかなかいない。……何様だ！

こんな女は、そんなにいい女じゃない。
それにこういう思考が見え隠れしちゃうから、望むような「いい男」は寄って来ないのだ。

「全然高望みなんてしてなくて、普通の人でいいの！　背も高くなくていいし、年収も普通でいいし」なんて思ってても、結局顔が好みじゃないと「ちょっと…」とか、趣味が違うと「合わなそう」ってなってない？
それを世間では「高望み」と言います！

自分から見て「普通」の男には、「私にはもっといい男がいる」と思い恋愛対象から外し、その普通の男が普通の女の子とラブラブ幸せになってると、複雑な気持ちになる。どうなのそれ？

イケメンに口説かれたことがある、金持ちに口説かれたことがある、デートしたことがある、なんて経験があると、自分がそのレベルなんだと思い込んじゃう落とし穴がある。

**「チヤホヤされる＝モテる」じゃなく、「大事にされて愛される＝モテる」だからね！**

仮に、自称モテ子の皆さんが、誰もが振り向く可愛い子ちゃんだとする。

そんな可愛い子が若干「モテます」オーラを出してると、男は遊ぶためにチヤホヤする。

だけど、そんな可愛い子が謙虚で「普通の女の子」オーラを出してたら、男ってそんな女の子を恋愛対象として口説きたくなるものだから！

# 03 自分の価値を下げすぎるな

**自分を過大評価はするなと言っておきつつ、自分の価値は下げすぎない**。もはや、言ってることが支離滅裂のようだけど、これもとても大事な事。

自分に自信がなさすぎる女子も多い。私のレッスンやセミナーに参加する子で、魅力いっぱいなのに、本人は自信が全くなく、どうしたら変われるのかと悩む。

私もかつては全く自信のない、自分の事もまともに好きになれない子だったから、この感覚よくわかる。

このタイプの子は、褒められても、「気を使わせちゃってすんません」くらいに思ってしまう。周りは社交辞令じゃなく、素直な気持ちで言っていても、なぜか素直に受け入れられない。

原因は人それぞれ、様々で、幼少期の他人のさりげない一言だったり、大人になってから気付かぬうちに受けた何かだったり。

何で自分らしくいられないのかもわからないけど、自信に満ちて堂々としている人が羨ましく見える。

まず、**勝手に自分の価値を下げないこと**。

例えば、周りから見て60点だとしても、「いや、私は30点だから」と言ってしまうと、「へー、60点には見えるけど、30点なんだねー」と、60点にもかかわらず30点になってしまう。

これって、損じゃない？

言葉に出さなくても30点という雰囲気が伝わってしまうから、心の中で思うのも禁止。

自信を持てない理由がある場合はね、簡単じゃないけど、リハビリだと思ってトライしよう。

何となく「モテないキャラ」みたくなってる人も同じ。そのキャラに甘んじて自分磨きをしなかったり、実は磨きたいのに磨けていないんじゃない？

例えば、あるとき人に「30点だね」と言われた。だからって、自分を30点と決めつけなくてよろしい。

**自分の価値は自分で決める！** 他人は無責任なもの、そこで凹まず自信喪失せず、見返してモテモテハッピーな自分を手に入れようぜ。

この本は、**「モテる上に愛される女」になるための実践本**。

今は自信がなかろうが、自信がなくはないけど何が足りないのかわからない人も、上っ面でチヤホヤされるだけじゃなく、**なんとなくチヤホヤもされる上に愛されるようになるノウハウ**を書いたから！

自分の価値は自分で上げる。

どこを上げるべきなのか、どうすると上がるのか。

先に、自分の価値が上がることを認めよう。

「無理でしょ」と思ってる人は無理よ。

無理なんて事はなく、**「何でもできると思ってる人」は、自分の外見も心も変えられる☆**　ホントだよ。

## 04

# モテるのは可愛い雰囲気！

自分的に、今の自分が何点かはどうでもいい。自分に自信を持てないアナタは、自分を美女だと思い込む、こんな自分マインドコントロールからやってみよー！　人は、**思い込んでると、自然と想像している自分に勝手に近づいてくる**から♪

これ、若干意味不明でしょう。でもちょっと思い出してみて。

学生時代、クラスに全然可愛くないけどなぜかモテた子って、いなかった？

女子から見て、「なんでアイツがモテてんの？」って言いたくなる子。

たいして可愛くないのに、本人は「あたし、モテるから～（照）」。周りはイラ…みたいな子。

で、なぜか周りの男子も、「アイツ、可愛いじゃん」なんて言っちゃったりして。

そう、まさにこれ！

自分のこと可愛いと思っちゃってる女は、周りから見てもなぜか可愛く見えてしまう錯覚。まー、錯覚なんだけど、なぜか可愛く見えてなぜかモテるなんて、ステキじゃない？

どんなに一見モテそうな子も、「ホントに本気でモテなくて…」ってずっと言ってたら、なんだかすごくモテなさそうじゃん。なので、周りの男子も「おまえ、なんでモテないんだろうなー」という雰囲気になるよね。

「私ってば、可愛いじゃん」「あたし、美人よね」。思い込んで下さい。そして、脳に刷り込んで下さい。自分への刷り込み。

美女だよ！　いい女だよ！　イケてるよ！

ただこれ、やりすぎるとただの勘違いおバカちゃんにしか見えないので要注意。思い込むだけにして下さい。

思ってることが口に出ちゃう子がたまにいる。「アタシの目って、超キレイだよねえ」とかトイレの鏡を見るたびに言わない。

部分的に「イケてるところ」を作ってしまうと、無意識にそこばっか強調しちゃって、何だかウゼーってなるから、要注意。

全体的にだよ、雰囲気的に「美人だわー」って思うんだよ！

あと自信がない子だけだよ、これやっていいの！

# 05 雰囲気美女になるには

美女だと思い込んで、すっかり美女っぽい感じになってきたら、さらなる雰囲気美女作りに励もう。名付けて、「実践美女ごっこ」。この、アホっぽい内容も、ごっこ、遊びだと思えば楽しんでやりやすい（笑）。だけど、照れずに真面目にやろう。

イメージしよう、「美女…美女…」。どんな感じ？　顔じゃなく、雰囲気。たぶん、美女は疲れていても、くたーっと猫背で、生きる屍みたいな目をしながら歩いてないよね。

足をずるずる引きずりながら、猛烈にダルそうな雰囲気はかもしださないよね、きっと。そう、美女はきっと背筋をシャキっと伸ばしながら、さっそうと歩くよね。

毛先を巻いた髪を風になびかせながら、ヒールの音をカツカツ鳴らしちゃったりして。妄想しながら、美女ごっこに励もう。

「もしも、私が美女だったら…」。もしもシリーズ、やってみよう。

寝起き、前の晩に食べたラーメンで顔がむくみまくったまま、「口臭ぁー！」なんて言いながら目覚めないよね。

きっと美女は、前の晩のフェイスパックのおかげで潤いまくった肌に「ふふふ♡」なんつって目覚めるはず。ラーメン食ってる暇があったら、パックでもして。

会社で嫌な事があっても、トイレの壁を蹴りながら、陰で上司のこと「うっせー！バーカ、はーげ！」って言わないよね、きっと。

ハーブティーでも飲みながら、「きっと上司も疲れてるのね」なんつって、さりげなく上司に甘いものでも与えて、餌付けでもしてみたり。

そもそも機嫌悪そうな顔して生活してないよね、きっと。笑顔で品よく…なんて想像してると、なんだかちょっと気分が向上。

するとポジティブな人が寄って来る。お腹が空いてても食べ物にガッツくことなく、ゆっくり召し上がってみる…なんてしてると、若干痩せる。本気の部屋着みたいな格好での外出はやめる…なんてしてると、可愛い服だけ部屋に残る。

美女ごっこ、奥が深いぜ。こういう**ちょっとした意識で簡単に改善できる事って、山盛りある**。

歩いてるだけで、可愛い。一人でコーヒー飲んでる姿も可愛い。洗顔してる自分も、歯磨きしてる自分も、今日履くパンツを選んでる自分も可愛い。

誰も見てなくても、可愛くいれる自分。

普通に考えたら頭のオカシイ人みたいなこの仕草も、ものすごく自然にできるようになると、それが当り前の自分になる。

**いつどこで誰と会っても、不細工な瞬間が出ない**。

なんとなくだらしなく見える子より、なんとなくちゃんとしてそうな子ってだけで、印象いいよね。外見が変わらないのに、美女に見られるようになるから、不思議。**雰囲気美女になると、自然と勝手に美女になっていく**から、真面目に励んで下さいませ。

# 06 あなたは「可愛い」？

すっかり雰囲気美女になったアナタ。でもいい女には「可愛さ」も必須。
「可愛い」とは？　どんな子が可愛い？　顔が可愛い子は、そりゃ可愛いよね。
でも、顔が可愛いのに仕草がオッサンだったら、もはやそれはオッサンだよね。
可愛いどころのお話じゃない。見た目が良けりゃいいって話じゃない。

仕草がオッサンの人は、このページに付箋をしましょう。脱オッサン。
大事なのは、**「可愛いの半分は、雰囲気でできている」**という事。

今度は、「あたし、可愛い♡」と思いながら生活してみよう。
美人と思い込んでみたり、可愛いと思い込んでみたり、若干頭おかしい子みたいだ

けど、ちょっとおかしいくらいでいいです。ちょっとだけ、キャピキャピしてみる、ぶりっ子をしてみる。

自分の外見やキャラは関係ないよ！

イメージがわからない人は、はるな愛ちゃんみたいな感じをイメージして生活してみて。

女の私たちがニューハーフに教わる。何でしょうか、不思議なことになってるけど、愛ちゃんの仕草は超可愛いです（※他のニューハーフの真似はしないように、なぜか喋り方がオカマになるから）。

椅子には、ちょこんと座る。

食べるときは、パクパク美味しそうに食

べてみる。
やたらと照れ笑いをしてみる。
嬉しいとぴょんぴょん跳ねてみる。
たまにコケてみる。
ピンクやキラキラを見たら「可愛い～♡」って言ってみる。
何もないのに楽しそうにしてみる。
そんな女の子を想像してみて…可愛かろう。

アタシ、美人だし、可愛い！　って思いながら生活してみよう。

# 07 長所を伸ばして短所を隠せ

しじみの様なつぶらな瞳は、気合で大きくはならない。

内ももに隙間ができたことがない安定感ありすぎる下半身は、ある日目覚めたら細長くなってるなんてことはない。

Aカップは、Dカップにならない。

**無い物はねだっても簡単に手に入らない。**

だったら、**強いて言えば長所であろうところを伸ばしたい。**

まずは、**自分の好きなところと嫌いなところを書き出してみる。顔、身体、内面も。**

私は広すぎるおデコが大嫌いで、美容院へ行くたびに「おデコ狭く見える髪型にして！」と言ってましたが、デコを隠した前髪がパサっと上がると、まるでハゲのヅラがパサっと上がった様に見える。それはそれは、大事件。

なので、パサっとならないように気を使っていると、気になって堂々としていられない。まるでヅラだということを隠すオヤジのように、どこか自信ないオーラが充満。

なので、あるときからデコ出しルックに挑戦。慣れるまでは、ハゲ丸出しみたいで落ち着かない。

でも、慣れると自分が思ってるほど変じゃなかったらしく、好感度上がりまくり。

むしろ、「おデコ、綺麗だねー♪」なんて褒められた。まさかチャームポイントだったとは…。

子供の頃は、「昔の中国人だろ（笑）」（脳天までがおデコのロングヘア）とかってバカにされたのにねー。

**魅せ方ひとつで、笑われた部分さえもチャームポイントに変わる。**

なので、書き出した「好きなところ」はそのままどんどん魅力を伸ばし、「嫌いなところ」は「ココもアソコも、大嫌い！」とならず、「そんなダメなところも可愛かろ」と受け入れてみよ。

するど、意外とそこが魅力的だったりするから。

体形も、細い身体が似合う人、ちょいポッチャリが似合う人、それぞれだから、細ければいいとか、巨乳ならいいというわけじゃない。

細い子は、トップふわふわの服で貧乳をカバーし、細くてキレイな足を見せる。ポッチャリな子は、くりの大きめの服で胸が綺麗に見える服を着て、気になる腰回りは縦長ラインを作ってカバー。**マイナスばかり見ず、プラスな部分を活かそう！**

といっても、「どこがプラスな部分なのかがわかんねー」と言う人もいるかもしれない。

周りの人にも聞いてみよ、「私の長所って、何がある？」「強いて言えば、ここイケてんじゃねーの、って部分を教えて！」と、なるべく正直に答えてくれそうな人に。

自分のことをあまり知らない人に聞くのもいいかも、先入観で答えないから。

## 08 でも短所は伸びる

ボケーっと鼻毛出して生活していて「セクシーないい女」になる人はいない。今ある長所を最大限に活かしたら、他も徐々に伸ばしていこう。

例えば、補正力の高いブラジャーに変えて、トイレに行くたびに乳を寄せて上げる。それを日々の生活の中で行うだけで、胸のサイズと形は素晴らしく良くなる。高額なブラジャーじゃなくて十分、補正力さえしっかりしてれば問題なし。でも、買うとき最低5着は試着する。努力といっても、このレベルの努力ならできそうでしょ？

奥二重だったショボい目も、まつ毛パーマをかけ続けたら瞼が上がったままクセが付いたのか、若干二重っぽくなってきたし。月に1回、3000円。これもたいした努力じゃない（笑）。

毎日、オーガニックフードを食べ、ストレッチと筋トレと、夜は炭水化物は食べない…なんてのをやれって言われても、私も無理。だけど、**「努力」じゃなく「日々の当り前」にできそうなものなら、もはや「努力」にもならないよね。**

私は、「小さくて可愛いねー」のレベルを遥かに超えた、身長143センチ、ちょっとした妖怪。努力しても背は伸びないし、短い手足も長くはならない。

でも、ちょこっと努力して縦長に見える服を着たり、手足が長く見えそうな仕草をいろいろ試したりする。

「努力じゃどうにもならない事だってある！」なんて嘆く人、努力の矛先を変えてみるべし。

と言っても、ちょっとポッチャリなんてのは、努力でどうにかなるからね！

3日に1回でいいから、髪を乾かす前にヘアオイルを付けてみる。3日に1回でいいから、ほうれい線のケアをしてみる。全身のリンパを促してみる。ちょっとだけエクササイズしてみる（※この本の後半に、やり方がありまーす！）


毎日歯磨きできるのに、このほんのちょっとのことができない…。

わかるー、毎日飲む予定のサプリメントとか、余裕で忘れちゃう。

新しいことを日々の日課に取り入れるのは、最初の2ヶ月は正直面倒。

でも、**人の脳は2ヶ月でルーティンを覚える**から、最初は努力だと思っていたことが日々の当り前になる。まず、2ヶ月頑張って！


ナイスバディーのモテ子どもは、「えー、何もしてないよ～（照）」なんて言うけど、何もしてないわけがない。

それは、**やってない人から見たら努力と感じることを当り前にやってる**から、何もしてないって言えるわけだ。日々のプチ努力を当り前に変えていこう！

# 09 いい女になるには真似っこから

ステキだなーと思う女性の観察日記を付けてみる。良いところも悪いところもあるだろうから、まずは魅力的なところだけ観察してみる。一人じゃなく、いろんな人のね。一人の女性の観察日記を付け始めたら、何だかストーカーみたくなってきて、何をしてるのか意味がわからなくなってくるから要注意。

自分が友達になりたいタイプかどうかは別として、きっと誰からもステキと思われるであろう部分を見つけよう。

雰囲気。何となく雰囲気がステキな女性っているよね。歩き方や立ち姿、笑顔、話し方。

姿勢、ものすごく大事よ。これで印象すっごく変わるんだから。**猫背やだらしない姿勢は美人をもブスに見せる。**歩き方も、ずるずる足を引きずってたり、がに股だと、どんなにいい女も下品に見える。しゃんとして、スタスタと軽やかに歩きたい。

ものすごく早口で声がデカ過ぎる女…色気ないわ〜。

ゆっくりだけどはっきり、人の悪口は言わず、裏表がない様子。

こんな女性は、男女共に好かれるよね。笑顔でいて印象が悪い人は、なかなかいない。

ヘラヘラとニコニコは違うけど、**ニコニコ笑顔は何にも勝る好感度の高さを誇る。**

頑張り屋さんもステキだけど、頑固じゃない素直な印象を与えられたら…超ステキ！

見た目のいい女性といい女の違いってなんだろう？

笑顔の頑張り屋さんが男勝りすぎると、素晴らしい人だろうけど、「いい女」とはまた違ってくる。

動きやすい服装にスニーカーで、すっぴんにボサボサ頭じゃ、デートしたいとは思いにくい。

化粧でも髪型でも服装でも、周りの女子を見てステキだと思ったものがあれば、自分にも似合うかもと思うものは真似てみる。

普段、自分がしないスタイルでも、ちょっとずつ取り入れてみる。最初は見慣れなくても、何でもトライ！

仕草、言動。女から見たら、「何このぶりっ子！」と思うものは、冷静に考えると、うっかり可愛いかもしれないと思ってしまったものが多いと思わない？「何このぶりっ子！ブスのクセに！」と思ったものは、ブスでも一瞬可愛く見えてしまった気がするから、そう思う。なのでその仕草、前向きに取り入れよ♪

女から見てイラっとする仕草も、大半の男はイラっとせず、素直に可愛いと思ってるものが多い。けど、男にまでイラっとされるぶりっ子は、相当なもの。人の振り見て我が振り直せ。勘違い女ほどイタいものはないので、ホントに要注意。

ステキだと思った人の真似を突然したら、勘違い女っぽいじゃんか。なんてことはなく、「私、あの子と同じ～」じゃなく、「少しずつ取り入れる」だよ！ **私はこれで大成長したから！**

column

# 無邪気さで男性を安心させよう

無邪気最強。無邪気な子供、無邪気な小動物、無条件に可愛いよね。ダメ子だと思われないように、なぜだかちょっと無理して大人の女を演じてしまう人、それ別に評価されないというか、特に高感度が上がるわけでもなく、可愛くもない。

**子供のような一面があった方が、男性は安心しちゃったりするのだ。**

慣れない雰囲気のお店（高そうなレストランとか）に行って、平静を装って、若干挙動不審。そんな無駄なことしないで、普通に「こういうところ慣れてなくて、緊張しちゃう」くらいの方がよっぽど好印象。

逆の意味で慣れないお店（女子があまり行かない立ち飲み屋とか）でも、ドン引いた顔がうっすら出ちゃうのに平静を装うくらいなら、「わー、お店ボロい～（笑）」とか感想をそのまま口にする。
引いてる顔が正直より、言葉が正直な方がいい。「まだ場の空気に慣れてないから、ちょっと挙動不審だけど、大丈夫！（笑）」なんて正直に伝えた方がいい。

嬉しいことでも、驚いたことでも、わからないことでも、思ったことは何でも無邪気に言葉にしてみる。表情や行動で無邪気にするのもいいけど、**意外と言葉も付け足さないと伝わってない事が多い**から、言葉も付け足す。

サプライズプレゼントに、嬉しいを通り越してビックリ顔。ただただビックリ顔してると、あまり嬉しくないのかと思われるから、「うわあ！　嬉し過ぎて、ビックリして言葉が出ない！！」と、言葉に出そう。
そう、何でもかんでも子供の様に、大袈裟に。これ、何歳でも臆せずやってOK。20歳でも、30歳でも、40歳でも、もっと上でもいい。

column

愛想のないババアより無邪気なババアの方が、100倍マシで、100倍可愛い。

私は、麗しきアラフォーライフを満喫中なわけだけど、まるで小学生並になんでも無邪気な反応をしてみる。

嫌な事も顔に出す前に「え〜! あっ、心の声が出ちゃった(笑)」とか言ってみる。顔に出ちゃったら「あっ、心の声が顔に出ちゃった(笑)」と付け足してみる。

いつも人前で「男」でいる男性の皆さまは、中身は子供のまんまな人がほとんど。

なので、普段は「男」を演じてる大人の男が素直に甘えられちゃう様な、ニコニコと暖かい雰囲気をチラ見せしてみよう。

**いつもは無邪気で子供みたいに可愛いところがあるけど、そっと支えてく**

**れる安心感もある女性**。これ、モテます！

そっといつも応援してくれる。そっといつも支えてくれる。

**ポイントは、「しゃしゃり出ない優しさ」**。

世話焼きババアじゃなく、安心感を与えるのが大事。世話焼きババアの匂いがちょっとでもすると、可愛い無邪気がアホに見えるので要注意！

# step2

# 異性を引き寄せ、恋愛に発展させる

# 10

# 恋愛を探しても恋人はできません！

「違うの、この人じゃないと思うの。私にはもっといい人がいると思うの！」と、何歳まで言う気だね、君は。

まだ恋愛に発展してなくても言う。

付き合いたてでいろいろ見えてきても言う。

しばらく付き合って結婚を考えて、また言う。

もう、この人じゃなかったら、どの人よ！

既婚者に聞くと、「彼なんて、全然好みじゃないし、オナラするし。金持ちでもないし、嫌なところだってあるけど、この人で良かったと思う♡　なんか、面白いんだよね」なんて、**フィーリングの部分で愛し合えてる**みたい。

未婚者に聞くと、「顔が〜。経済力が〜。彼のお母さんが〜。彼は優しいけどー、なんか、無理じゃない？」なんて、表面的な部分を見ていたり、変なクセが引っかかってたり。

でもさ、どこまで、何がクリアになったらいいわけ？
そんな事言ってる間に、「この女じゃないかも」って思われちゃう。

一度浮気されたから信用できないって人。
浮気はダメだけど、自分のところに帰ってきてて、本気じゃなく浮気で終わってるんだから、いいじゃん。バレてる時点で、アホでかわいいかろ。

こういう問題で、先に進むのを躊躇《ちゅうちょ》しちゃう女子は多く、「えー」と思うのもわかる。けど、誰と付き合っても結婚しても、「男は男」だからね。そんなところに絆は見出さない方がいい。

女子は、勝手に結婚を焦って、勝手に無理かもって決めて、勝手に終わらせる。なんて勝手なんだ。恋愛していても、していなくてもそう。盲目に婚活を頑張って、数打ちゃ当たると思って戦って、「狩り」の姿勢に男性が引くと、「アタシ、もう独身でいいの」と勝手に諦める。

この、「勝手に決断を下す」と言うやり方を変えようぜ。「じゃー、どうしたらいいのよ！」と思うよね。

一度深呼吸して考えるのをやめてみよう。自分は、本当はどうしたい？

恋愛を探している人は、「恋愛を探す」より「何でも話せる男友達を探す」に思考をシフト。

戦闘態勢を崩し、**「男」として男を見ず、「人」として見るクセをつけてみよう。**

恋愛中の人は、喧嘩などのタイミングで**関係を切るのは簡単。でも、戻すのは簡単じゃないよ。**感情に任せすぎないで！

相手の、良い所と悪い所を書き出してみよう。

あと、一緒にいて楽しいこと、嫌なこと。
あとは、自分の素直な気持ち。
「好きだけど…」「好きなのに…」は、つまり「好き」だよね。

何でもオンかオフしかなく、白黒付けたがる人が多すぎる〜。
**曖昧《あいまい》で不安定なところもあるから、向き合おうと頑張れるのが恋愛よ☆**

# 11 オトコ友達の友達・職場の同僚を狙え

出会いがない人、**大切な人はすぐ隣り…の、隣りくらいが狙い所。**
社内恋愛など、仕事場の恋愛は、ちょっと間違えると大惨事。
なので、同僚のお友達や友達のお友達とちゃっかり出会う場を作り出そう。

合コンで実際に恋愛に発展する確率、なななんと、たったの4％！　低っ！！
一番多いのは、学校やスクール。
次に、友達の紹介や、職場は違うけど仕事で知り合った人。
この本を手にした人で学生ではない人よ。あなたは**友達や同僚の友達を漁るべし。**

アウトドア系のイベントもおすすめ。大自然の中では気持ちがオープンになっているので、恋が生まれやすい。

夏なら海やバーベキュー、冬ならスノーボードなど、自然に触れつつ、「じゃー、二人は一緒に火をおこしてね！」なんて**共同作業をすると、なぜだか恋に落ちやすい**。

急に雨が降ったり、カレーが焦げちゃったり。

一緒に困難を乗り越えることで、戦友みたいな感覚まで芽生え、「特別な存在」という錯覚が生まれやすくなる。

大人だからこそ、公園に集まって、警ドロ（警察とドロボーのゲームね）してみるとか。同じチームで協力しながら戦ったり、一緒に追いかけたり追いかけられたりして、テンション上がりまくってるときに、ちょっと優しい言葉が飛び交うと、「なんか、いいかも♡」なんて事に。

インドア派は、ホームパーティーとか、みんなで鍋なんかがいいかも。

お店で食事だと、座った席で距離が決まっちゃうよね。席替えできても、なんかフランクじゃない。

だったら、家で家族だんらんみたいな方が、お互い変な壁を作らず自然と話がしやすくなる。

でも、誘われるのを永遠と待つ人になってはダメ！　自分から「ホームパーティーしたーい！」って言って歩こう。

もしくは、「ホームパーティーするんだけど、お友達とどう？」と誘ってみよう。ホームパーティーと言っても、10人とか大人数じゃなくていいと思うけどね。

まぎらわしかったら、一人暮らしの部屋に入れる人数は限られるから、「女子2〜3人で、たまにお料理会してるんだけど…」と言って、少人数で気軽感を出しまくって、開催してみよう。

友達なり同僚なりの友達だと、間に共通の知り合いがいることで警戒心も少ない状態から知り合えるから、ちょっとした相談ができたり、「みんなで遊ぶ」のみんなが既にできてたり、良い事は沢山ある。

それに**まともな人の友達はまともな場合が多い**から、先にある程度の選別もできちゃうしね。

わかってると思うけど、**チャラ男の友達はチャラ男が多い**ので、気を付けて。

類友が集まることを前提に、自らどんどん企画せよ！

# 12
# 球は自ら投げろ

雑誌の恋愛記事の取材を受けると、よく「どうやったらデートに誘わせることができますか？」みたいな質問をされる。どうやったら男から誘ってくるか？

ほとんどの人が、気付かない程度のアピールをして、待ちぼうけ。

そんなの、ダーーメーーーー！

それでどれだけの出会いを逃している事か！

ここ近年、待ちぼうけ男子も激増していて、お互い気に入ってるのに、お互いアプローチが弱すぎて、挙げ句「私に好意がありそうなのに誘ってこない！　意味がわからない！」となり、むしろ嫌いになってしまったり。

次の恋愛が始まった頃に、「実はあのとき、好きだったんだよね」なんて言っちゃったりして。

お互い「タイミングが合わなかったね…」なんつって。

アホかー！　**タイミングなんて、自分で作るんだよ！**

例えば会社で、私はあまり話す機会のない別の部署の人にも、平気で声を掛ける。デスクの前を通って、何かが目についたら「それ、何ですか？」とか。

給湯室とか、タバコ吸わないけど喫煙所とか。

「こんにちはー。普段別の部署の人と話す機会が少ないので、話掛けてみました(笑)」くらい、意味不明だけど話しかける。

こんなどうでもいい会話でも話が続けば、「せっかくなんで、今度ランチでも行きませんか？」と、何がせっかくなのかわからないけど、ものすごく気軽な感じで誘ってみちゃう。

って、全然簡単じゃなさそうだけど、これができると恋愛だけじゃなく、人間関係とかいろんなことがスムーズになるから、練習してみて。

別にそこまで好きじゃないし…という相手に対しても、とりあえず食事に行こうと言われたら、とりあえず行こう。

**何も発展してないのに、重たく考え過ぎな人がすんごく多い。**

相手だけデート気分だったら、「あれ？　これデートだったの？　あはは、ゴハンに釣られて（笑）」なんて笑いも含めた自分のモードを伝えておく。

相手の顔色を窺ってもどうせわからないし、勝手な誤解をする場合が多いから、**「言葉にして伝える＆素直に聞く」**ことを実践していきましょう。

相手の反応がイマイチわからないときも、普通に聞こう。

「思わせぶりだけどはっきりしねー」とイライラしちゃうより、自分から誘うなり、メールで「メールが続いてて楽しいんだけど、待てど暮らせどデートに誘われないので、混乱中（笑）」くらいにアプローチしてみる。

メールにはとりあえず「（笑）」をつけとけばいい。

それでも解読不可能な返答がきたら、3歳児に聞くように「それは、普通女の子はこう受け取ると思うよ（汗笑）」と、冷静に聞いてみる。

これくらい、1球ずつキャッチボールしてみて！

## 13
# 目で思わせぶり作戦

アタクシたち女は、みな女優。目で色気を表現したいものです。
むかーし、キャバクラでバイトしていたときの事。
遠くの席に座ってる一人のお客様の目を見てみる。
喋った事もないお客様。テーブルを移動する間にも、チラっと見る。
私が他のお客様と楽しそうに喋ってる間も、視線を送る。
あまり愛想は振りまかず、何度も目を見る。するとそのお客様は、私を指名する。

男は、**「俺の事が好きかもしれない女が気になってしまう」**という生き物なのです。
必殺、目で思わせぶり作戦！

接近戦の場合、目を♡にして見てみる。好きな人を見る目の表情って、普段と全然

違うでしょ？　目がポワーンと♡になってる状態。そんな目を意図的に作り出すわけよ。好きになってそうな目で見るだけでOK、超簡単。

チラチラ見てから、なぜか照れちゃう。ちょっと様子がおかしいくらいが丁度いい。よーっぽどおかしくない限りは、相手は気になるはず。

特定のターゲットがいない時は、全体に向けて目からフェロモンを出すのです。伏し目がちからチラっと目を上げる。視線をゆっくり運ぶ。たまにちょっと眩しそうな目をする（※これ、間違えると「視力悪いの？」って聞かれる）。

目の表情をわかりやすくしてみること。

だいたい、初対面の男性の前でただ緊張してるだけだとしても、表情が硬くなってたりすると、イメージ悪い。

なるべくやわらかい表情で、笑顔多めで、目の動きを大袈裟に。

大袈裟にしすぎて挙動不審じゃダメだけど…。

なんて、アレもコレも書くと余計表情が不自然になりそうだけど、歌舞伎の女形になったつもりで、美しく色気のある目を意識してみよう。


というわけで、日本舞踊の孝藤右近《たかふじうこん》さんにインタビューしてみた。


「男役、特に侍役での立ち回りのときは目で相手を殺すような殺気を作り、女形のときは相手の心までやわらかく包み込むように。いじらしくしたり、さみしそうな表情にしたり。全体に向けて表現しつつ、本命に向けて視線を送っている」

だって。匠の技、スゴい!

# 14 香りで五感を刺激せよ

**男の本能を揺さぶる「香り」**。ふわっと香ると、男はつい振り返ってしまう。

そう、嗅覚は敏感に反応してしまうんです。

そして覚えてしまうんです、その香りを。

そしたらまた嗅ぎたくなってしまうんです、その女の甘い香りを。ふふふ♡

とは言え、モロ香水の香りが好きという男は、もんのすごく少ない。

気付いてないのは本人だけで、だいたい鼻がバカになっているのか、つけすぎてる。

ツーンと頭に響く香水をつけている女は、「この女、無理！」となるから、気を付けたい。

どうしてもつけたいなら、**足首など人様の鼻から遠いところや、胸元にちょこっと**。

服の中から、にじみ出る香りはいい。

とは言え、胸元は体温高いから、本当に少しで十分。

香水以外では、どうするか？

簡単なのは、柔軟剤。**衣類に残るほのかな香り**。

それこそ、本人は慣れてしまってわからなくても、**男を引き寄せる能力は十分発揮してくれる**。

だからって、服を洗うときにダバダバ柔軟剤を入れると、意外と臭い。それが生乾きだと、最悪。入れすぎと生乾きに注意。

でも、毎日洗いたての服や、毎日違うアウターを着る環境にない（仕事着やスーツなど）人は、髪からフェロモン大作戦。

シャンプーの香り、男は反応するんだよね。髪が長かろうが短かろうが、動けば香る。清潔感と優しさと甘さが融合。香水ほど人工的すぎないそのほのかな香りが、花を探す蝶や蜂や変な虫までも引き寄せる。

なんと、年代で好みの香りが、ちょっとだけ分かれる。
**20代・30代は、甘い香りや柑橘系、シトラス系の香りを好む傾向にある。**
**40代からは、石鹸や、甘ったるくないシャンプーの香りを好む傾向にある。**
仕留めてしまいたいアイツの年代に合わせて、香りをチョイスしてもいいかも。

ターゲットはなく、幅広く振り向かせたい人は、甘すぎないローズの香り。わりと万人ウケする。でもその香りが強いと、若い男の子は、「おばあちゃんの家の匂いがする」

……おばあちゃんの家の匂い…ある意味、すごく落ち着く安心する香り。だけど、印象は「おばあちゃん」。どうだろう、気付くか気付かないくらい、うーっすらとだったら、「何の香りかわからないけど、何だか落ち着く！」になるかも。

どんな年代でも、パンチの効いた香りは求めてない。うっすら、ほんのり、動くとふわっと香ってくる程度。**いい香りに癒されたり、ドキっとしたり、ムラムラしたりすると、「お、いい女?」という認識をしちゃうもの。**

## 15

# 肌は隠してちょい見せ

おっぱいをギュー寄せて、谷間をバーン出して、フェロモンむんむんにすれば、男は釣れる!…とお思いのアナタ。

そうです、それでアホな男が釣れます。

そんな安っぽいエロの演出をしてはいけません!


キャミソールで健康的な肩が出ているのも悪くないけど、色気に欠ける。

モロ出ししてるより、肩にかかるショールがするっと落ちてチラっと肌が覗くと、男性はそこを三度見します。

くりの広いシャツの肩がするっと一瞬落ちて、さりげなく直す。

**その一瞬の肌の露出は、バーンと出っぱなしの肩よりも記憶に残る。**

肩をベロンと見せるのに抵抗がある人は、手首や足首などでも十分色気は演出できる。着物の国の女ですから、ちょこっと見えた肌に色気を集中させてみよう。

長い袖をちょこっとまくったときに現れる、白い手首。

ちょっと髪を束ねた瞬間に現れる、うなじ。

スカートなんて、ちょこっと（5センチでも）めくれただけで「！」と思う。

パンツスタイルのときだって、靴を履くときなんかにチラっと足首が見えると、隠れていた部分が見えるので「!!」ってなる。

この、チラっと見えた肌が粉噴いてたり、毛が生えてたり、あざだらけだったら興ざめだからね！　チラっと見えるところだからこそ、お肌のケアは必須だよ！

私が推奨しているのは、「鎖骨でエロス」

**女は、鎖骨で品とエロスを表現できる素晴らしい生き物なのです。**

なので、冬場でも首元はちょい大きめに開いた服を着てほしい。鎖骨を開くような感じに意識してみよう。

すると、自然と姿勢がよくなり、首元もすっきり見える。胸を見せる意識よりも、鎖骨を見せるよう、意識してみよう。

リンパが詰まりまくって鎖骨が肉に埋まってる人は、デコルテのマッサージだよ！後半にマッサージ方法があるから、しっかりマッサージで促して、セクシーなデコルテラインを作ってね。

# 16 モテると得をする

モテる女は得をする。

モテるなら、**異性からだけじゃなく、誰からもモテちゃう人になってしまいたい。**八百屋のおっちゃんにも、肉屋のおばちゃんにも、道行く小学生にも。


これ、八方美人ともちょっと違うかな。私は、目に入った物の感想を何でも口にするという、病気（笑）

目の前で着替える友達に、「何カップ？　形いいね〜！」

前を歩く友達に、「尻、ちょう綺麗だね！」

トイレで会った知らないお姉さんに、「スタイルいいですね♡」

この褒めテクは、イタリア人か私かと言うくらい、スキル高いぜ。誰にでも思ったことを言ってしまうの、ポジティブな内容ならば。一見、変な人だけど、言われて気分悪くはないはず。

八百屋でも、「ネギを買いたいんですが、鍋に入れるならどれかな？」いろんな種類のネギの旬とか美味しい食べ方を教わって、「へー、勉強になる〜！」なんて、沢山お話ししてたら、おっちゃんが「オレンジ食べる？　持っていきなー」っておまけしてくれたり。

薬局でも、サプリメントを買うのに、「ビタミンCですかね、Bですかね？　美肌にしたいんだけど、エステは高くて〜」なんて言ってると、「トマトをね、1ヶ月毎晩食べてみて。おばちゃんはそれで肌がこんなに！」なんて、いろいろ教えてくれたりして、「クリームのサンプル、沢山入れといてあげるわ」なんておまけしてくれたり。

スーパーですら、レジのおばちゃんが暇そうだと、お会計のときに「…チンゲンサイの美味しい食べ方って、何がありますか？」とか話しかけちゃう。

家の近所、仕事場の近所、また会う人には特に話しかけちゃう。顔見知りが沢山できると、楽しいじゃん（笑）。

こーんなノリで、異性にも普通に話しかける。職場のエレベーターで、「…このビルでお仕事してるんですか？　たまに見かけるんで（ニコ）」

要するに、ナンパ（笑）。でも、自然でしょ？

それから何度か挨拶したりして、たまに、「この辺でオススメのランチって、どこかあります？」なんて会話から、「今度、連れてって下さい♡」なんつって。

上司なんかにも、「あのー、よかったらコレ」

酵素のサプリメントとかドリンクとかを「いつも遅くまでお仕事なさってるので、お疲れかなーと思って（照）」なんて、粗品程度の気軽なものをプレゼントしちゃったりして、仲良くなるきっかけを自分で作ったり。

こうした**笑顔で仲良くなった人達は、何か困ったときに、ちょっと助けてくれる心強い味方**になってくれるよ。

# 17
# 合コンで恋愛に発展させちゃおう

合コンで恋愛に発展する確率は4％と書いたけど、なんだかんだと「出会い＝合コン」のチャンスはある。

せっかくなので、合コンでも恋愛に発展させちゃうテクを習得しちゃおうぜ！

まず、相手の目を見て楽しそうに話を聞く。

「うんうん、それで？」

「へー！　そうなんだー！」

**聞き上手と言うより、話させ上手に**。

自分の話に興味を持って楽しそうに聞いてくれる女の子、超可愛いです。

身体は、相手の方に向けちゃって、聞く気満々で。

会話下手な人とも話を弾ませて、「あの子と話して、楽しかったな」と思わせたい。

そもそも会話が苦手な人は、相づちだけで会話が続かなくなるパターンが多い。例え興味がなくても、相手が楽しく話せるようにしたい。

男「趣味ねー、ゴルフかな」
女「へー（興味ない）」
男「…」
女「……（だってゴルフに興味ねーし）」

でも、どんなに興味がなくても、ちょっとだけ食いついてみて。

男「趣味ねー、ゴルフかな」
女「へーゴルフ好きなんだ！　難しそう〜」

男「最初は難しいけど、これがやってると楽しくて」

女「私もやってみたいな～、できるかな?」とかね。

「ゴルフ好き」って言ってるなら、「ゴルフ好きなんだー」って**繰り返してみると会話が続く。話下手はオウム返し作戦**。

ついでに自分の趣味の話題も「私はねー」と付け足してみる。

なんなら、「背中触ってもいい? あ、やっぱり鍛えられてる!」なんて、意味不明な行動を取ってみてもいいかも。

意味不明で間違えてたら、「背中より脚か～、間違えた～☆」と天然で返せばOK。

男「週末は何してるの?」

女「家でのんびりしてます」

男「そっかー」

女「…」

**せっかく質問されたときは、相手にも「週末は?」と同じ質問を返せばいい**。

回答も一言で言い切らず、「つい疲れが出て週末は家にいる事が多いけど、公園とか行くといいかな♪」とかね。

ついでに「一緒に行ってくれる？（笑）」くらい言えたら上級！　女友達で練習してみて～！


キャラで前に出られない人は、数人の中に埋もれて誰の記憶にも残りづらい。

そんなときは、これ。**ちょい目立つアイテムを身につける**。

例えばメガネ。

自己紹介のときに、「いつもはコンタクトレンズだけど、今日はメガネで（笑）」なんて言うと、「あのメガネの子ね！」と覚えられる。

ピンクのストールなど、ちょっと目立つ色の物を身につけて、「春なんで、ピンクで！」「夏なんで、ピンクで！」何でもいいから、それを覚えさせる。

「あの、ピンクのストールの子ね！」って覚えられるし、目に入るよね。

合コンの場合、食事をする場がほとんど。パスタが出るのも定番。

なので、パスタを使った心理テストとか、パスタネタの会話をする。

すると、別の日にパスタを見たときに「パスタの話を思い出して」と連絡が来たりする。

フォークでも、ネクタイでも、身近なものならなんでもいい。**「コレを見ると君を思い出す」を作る**。

ちなみに、1本の長〜いパスタがお皿に。これをどのくらいの時間をかけて、どうやって食べる？　…考えた？　よろしいか？

これ、エッチの仕方なんですと（笑）。

一気に数分でガーっと食べるのか、ゆっくり端から味わって食べるのか…ふふふ。

NG行為にも気を付けて。まず時計のチラ見。バレないように見ていても、バレてる。「あーこの人、つまんないんだなー、早く帰りたいんだなー」という印象を与えてしまう。

あと、うっかり飲みすぎると、だんだん声がデカくなってない？

早口で声がデカくなると、それがものすごく面白かった場合のみ友達になり、それ以外は次がない。

あとね、全く隙がなく、あまりに他人行儀で、まるで会社のような対応をする女。そんな女いないだろうと思うでしょ。自分でわかってないだけで、そう見えてる場合もあるから要注意。

**無邪気に、やたら楽しそうにね！** 何はともあれ「笑顔」だよ！


コミュニケーションとれてないのも注意。

自分の話をしすぎて、相手の趣味も何も聞けてなかったことを、帰ってから気付く。逆に、相手の話だけ聞いてしまい、自分の話をしなかったので共通の話題が何なのかもわからないで終わる。

これは、次のデートに繋がりづらいよね。**しょーもない話でも、「この話題で盛り上がった！」が一つでもあると次に繋がりやすい。**

私は、映画の話からなぜかホラー映画の話になり、通常のゾンビ映画のゾンビは

「あーあー」とゆっくりなのに、「28日後…」のゾンビは猛ダッシュで追いかけて来るから超怖えーという話題で盛り上がり、そこから仲良くなったことがある、しかも数人。

そんな色気のない話題からもデートに繋がるので、何でもいいからお互いの共通点を見つけてみよう！

会話が盛り上がったら、ちょこっと女として意識もさせておきたい。

お互いがちょっとドキっとするように、触ったり触られたりしておきたい。…え、どこを？

鍛えてそうな人は、簡単よね。「筋肉、スゴっ！　ちょっと触っていい？」ってその人の事をなんとも思ってなくても、そうする。

鍛えてなさそうな人には、「手、綺麗だね！」と言いながらおもむろに手を取る。

「…指、怪我したの？」と、指を取る。

顔に…何も付いてなくても「あ、ふふふ（笑）、パスタソースが♪」とでも言いながらそっと指で拭ってあげる。

すかさず「こんなに頼れる感じなのに、可愛いなあ♡」なんて付け足しちゃったりして。頼れる上に可愛いことを、うっすら直球で言葉で伝える。**頼られたいし甘えたい男性**には、響くぜ。


そして、ここ付箋！ **「殿方の、関節部分を触る」**。

リピートして言ってみよう、「殿方の、関節部分を触る」。

なぜか男性は、関節部分を触られると、キュンとする。キュンとするっていうか、ムラムラ？ これね、「ムラムラされるって、どうなのよ？」と思うでしょう。

**ヤリたい↓簡単にヤレそう↓遊んでポイ**
**ヤリたい↓簡単にはヤレなさそう↓追いかける↓手に入れたい？↓好き**
そう！ **ムラムラは「好き」に変わる種なんです。**

鎖骨／肘や肘裏／骨盤周りなど、さりげなく触るべし。

肩こりの話題で、おもむろに正面から鎖骨周りのツボを押す。「ここ、肩だけじゃなく、鎖骨の下辺りも押すといいよ♪」って下辺りって言ってるのに、鎖骨も触る。歩いていてコケそうで、彼の腕に、「わ！」とつかまる。座っていても、振り向き様になぜかバランスを崩し、つかまる。

急につかまったから、「ゴメン、腕折れた？」なんつって肘周りをさわさわ。…いやらしい（笑）。

混んでる狭い電車で、エレベーターで、集合写真で近づいたとき、腰に手を回すより、骨盤に手を添える。…普通しねーだろ、と不自然だと思いながら触ったら、そりゃ不自然だよ！

**自然で普通だと思いながら触ったら、思いのほか自然**だから、ちょっとやってみて。なんなら、ちょっとくらい不自然でも、全然いい。

そして、相手にも自然に触られる状況を自ら作り出そう。肌が出ている部分に触れると、キュンじゃなく、ムラムラっとするから。

**いい女は、ムラムラさせてなんぼ。**

「今ね、ダイエット頑張ってるの！」なんて言うと、「えー、必要ないじゃん」なんて言ってくれるかも。

男性は無限に細くなりたい女の気持ちが理解できない。

でも、「ちょっとここ触って…ヤバいでしょ（笑）」って二の腕のタルタルを触らせちゃう。

「ご飯って、美味しいよね♡　だからねー、あんまり頑張れてないけど（笑）」とかストイックに痩せようとしてないことや、柔らかい二の腕で**「アタシ、こんなに柔らかくて気持ちいいよ♡」**が伝えられたりして。

18

# 声に出す素直なリアクションで彼の記憶に残ろう

「きゃ〜！」「えー！」「すごーい！」「まぢー！」

感情がわかりやすいに越した事はない。

特に初対面やまだ知り合って間もない頃は、大袈裟なくらいに感情表現しないと、何を考えてるのか伝わりづらい。

顔色うかがいあっちゃったりして、「なんだか疲れた」と思われると、次がない。

だからやりすぎ？　くらいが実はちょうどいい。

ついでに、手のリアクションも付けてみる。

「すごーい！」なんつって、手をパチパチ叩いちゃったり、「やったー！」なんつって、ぴょんぴょん跳ねちゃったり。

私、そんなキャラじゃないんですけど…という女子もやって下さい、これ。

**男性は、可愛らしい動きをする女性を、可愛いと認識します。**

すっごい真顔で、軽く手をパチパチさせながら、「すごいすごい」……バカにしてんのかと。

可愛く、満面の笑みで、全身で「すごーい！」を表現するくらいの気持ちで。

特に、何か喜ばしい話を聞いたときは、本人以上に喜んでみる。

自分以上に自分の事のように喜んでくれる人といると、喜び倍増。親身になってくれてるという印象を強く持つので、好感度スーパー大。

ただし、感情を声に出して、リアクションを大きくするのは、ポジティブな内容に対してのみ。

ものすっごい嫌な顔しながら、「はぁー？　それ嫌なんだけど！（死ねば？）」と言いながら手でシッシッとするなんて、可愛さの欠片もない。

女のそんな素の顔は、喧嘩のときにも、たとえ別れ際でも見せちゃダメ。トラウマになる。

手を合わせて、「わー！　嬉しい♡（涙目）」

さらに大袈裟に「…嬉しい（しみじみ）」ともう一回くらい加えて言っておく。「んもー！本当に嬉しい！」さらにもう1回くらい付け足してもいいくらい。

伝えたいプラスな感情は、このくらいしっかり言葉と仕草で表現しよう。

それは、**相手の記憶に残って、また喜ばせたいという思考になりやすいから。**

# 19

# メールを制するもの、恋愛を制する！

せっかく知り合っても、メールなどで繋いでおかないと、次がない。まず、メアドをゲットするところから始めたい。

メールアドレスを聞かれるのを永遠と待ち、帰りまでに聞かれなかったら「だって、聞かれなかったし。私に興味ないんでしょ（ケッ）」と言う女、面倒臭せーよ。待つな、自分から聞け！

会話が何かしら盛り上がったら、「ねえねえ、メール、聞いてもいい？　また今度、続き話そうよ♪」と言うと聞きやすい。あまり話せなかったら、気になるアイツが他の子と喋ってた内容を覚えておく。

で、帰り際にでも「さっき◯◯の話してたの聞こえてきて、私も大好きで！　あまり話せなかったね。そうだ、メールアドレス、聞いてもいい？」なんて、白々しく聞こう。

ＬＩＮＥでもFacebookでも、何でもいいから連絡を取れる方法を聞いて、すかさず連絡。

その日か次の日には「今日（昨日）は楽しかった、ありがとう♪」と送りたい。

「楽しかったね」だけだと、「そうだね、またみんなで飲もうね！」なんつって、社交辞令で会話が終わる。

ここから、また待ちぼうけを始める女子が山ほどいる。だからどうせ送るなら、「今日は、○○の話ができて、楽しかった！」と、**何が楽しかったのかも書いておく**。

彼が話した内容などを覚えてるって、印象いいです。

すかさず、誘われるのを待たずに自分から「今度、ご飯でも行かない？」と誘える大人の女になって下さい。

「そんなこと書いたら、がっついてるって思われそう」なんて、かまととぶってんじゃねー！

たとえば男に映画に誘われて、「あ、別に下心とかないから！　そんなんじゃなく、ただ映画をさ……（焦）」って焦って言われたら下心が見え見えだけど、普通に誘われたらそんなこと思わないわけじゃん。

「ご飯行かない？　あ、そんな変な意味じゃなくて、別にデートとかそんなんじゃなくって（顔真っ赤）」とかじゃなく、普通に誘えば問題ないよ、男は鈍感だから。

たまーーーに、大勘違い野郎もいて、「え！　俺の事、好き？」というのもいるけど、気軽に「居酒屋とか行こうー」なんつって、気軽感を満載にして誘ってみよう。

「彼の話した内容を覚えてる」は好印象だけど、覚え過ぎてるのは気持ち悪い。

「○○君、この話した後に、こんな事も言ってたじゃん！　あ、言い忘れたけど、靴下可愛いよね、チラっと見えたの！　あの時計って、△△でしょ？　あとあの話も面白かった！」……怖いよね。

**メールで気軽にキャッチボールが進むと、気が合うという印象を与えられる。**

「○○君は、いつ暇？　あ、仕事は△△だっけ？　そういえば、あの後コケちゃって

（笑）」といくつも話題があると、返事が気軽じゃない。

まずは「○○君は、いつ暇？　何か美味しい物でも食べに行こうよ♪」と軽い内容から。

いい返事がきたら、日程を決め、次に場所を決め……など、1通ずつ進めよう。

返事をするのが面倒なメールには、まー面倒だから返事も遅れるよね。


返事が面倒なメールには、返事が遅れる……と書きましたが、全部がそうじゃない場合だって、仕事をしてればあるよね。

だけど、ちょっと返事が遅かったりするだけで、「私に興味ないんだ。忙しいって書いてあるけど、面倒なんだ（鬱）」なんて人も少なくない、本気で。


「相手の返事が遅いから、私は直ぐに返せるけど、わざと遅れて返事するの！」

…何…それ、仕返しみたいで、何か怖い。

「たぶん彼は、返事遅いなーって思ってるはず～」なんて、勝手な妄想が「絶対そうだよ」になる。

えーとね、たぶん「こうに違いない」と思ったことのほとんどは、間違えてると思う。だって、勝手な妄想だし。こっちが意図的に返事を遅らせても、男性は仕事で忙しかったりするだろうから、特になんとも思ってなかったりすることも多いのよ。

なのに、「気が付いた？　私、ちょっと返事遅らせてみたの、○○君に合わせて（嫌味）。他の子とメールしてた？」なんてのが見えたもんなら、そんな女とは絶対に恋愛なんてしたくないよね。

**男は、駆け引きや勘ぐることが、大嫌い**。返事が遅くて不安なら、そう書けばいい。「私、メールし過ぎかな？（笑）無理のないときに、返信してくれれば大丈夫だからねー☆」と、**男は余裕を持たせてくれるのが、大好き**。

このくらい書いてあげられれば、「いつも返信遅くて、ゴメンね。仕事場であまりメールできなくてさ」なんて、何で遅くなっちゃうのかを伝えてくれたりするから、ちょっとずつ不安を解消できるよね。

そして、働く忙しい彼となかなかデートの約束ができないことに凹む乙女達。彼が時間を割かなければいけないと思う相手との恋愛は、考えづらい。

なので、「君と会って、癒されたい♡」と思われる、**疲れていても会いたい女になろう。**

「実は、マッサージが得意！　そのまま寝ちゃっても大丈夫よ♪」とか、「疲れがとれる、特製手料理を作ってあげる♪」など、**「私が支えてあげる♡」のニュアンスが伝わると、男は安心する。**

忙しくてなかなかデートもできないなら「よし、私は資格でも取ってみるか！」彼が仕事を頑張ってるなら、私も何かに頑張る。ただ待ち続けて、「ちっとも会えないね。待ってるんだけど」みたく、**男は機嫌悪く待たれるのが大嫌い。**

そんなことなら、他の男にした方がいいよという流れになっちゃう。

「たまにしか会えないけど、そのうち環境が変わるかもしれないし私なら大丈夫。最近お習字始めてね！」**男は、お気楽で前向きでいてくれる子が大好き。**

# 20 ギャップ萌えを狙え

先日、お友達を集めてお料理大会をしました。そこに何もできなさそうな子が一人。自分でも「料理は得意じゃないの〜」なんて言っちゃう妹タイプ。ところが、野菜を綺麗に切った……それだけ。それだけなのに、「おー、すごいじゃん！」って褒められまくっていた。

嬉しくて「やったー♪」もうそれだけで超可愛い。何もできなさそうからのギャップ、恐るべし。

ギャップが正しく作用すると、もれなくキュンとされる。では、どんなのが「正しいギャップ」なのか、考えてみよう。

隙のない女のほろ酔い。真面目そうな女の軽い下ネタ。背が高くて一見強そうな女

がまさかのペットボトル開けられない。

頭悪そうな女の論理的な会話。大人っぽいのに子供っぽい。子供っぽいのに母性本能。子供っぽいのにたまにセクシーが見え隠れ。清楚なのにちょっとエロい。

酒豪に見えてお酒弱い。お酒飲めなさそうに見えて日本酒大好き。

バカっぽいのに字が超キレイ。クールに見えて涙もろい。ものすごく普通に見えて頭の中が宇宙（以外と男ウケはいい）……などなど。

**女性から見て、「それはモテないだろー」というものが、意外と男ウケが良かったりする**ので、自分に置き換えたらどんなギャップが活かせそうか、客観的に考えてみよう。

**自分が思ってる自分像って、周りから見ると全然違ってたりする。**

「アタシって、人見知りじゃん」と、グイグイ前へ出るタイプの女が言ったり、「童顔だから、妹っぽく見られると思うんだけど…」と年上に見える女が言ったり。よくあります。あと、女友達から見た印象と男友達から見た印象が全然違う人も稀《まれ》にいるので、できれば男友達にも聞いてみよう。

「私、真面目そうに見られるから、軽い下ネタ言うくらいがいいよね？」ってエグい下ネタ言ってドン引かれたらビックリしちゃうから、気を付けて！

# 21 「モテるでしょ」と聞かれたら

いろんな雑誌のモテ企画などの取材を受けたときや、周りの女子から、何度となくされた質問がこれ。

「モテるでしょって聞かれたら、何て答えるのが正解?」

「モテるでしょ」……この言葉の真相は? 素直にモテるだろうなーと思ったから言った場合と、そう言えば喜ぶでしょっていう社交辞令の場合がある。

本音の場合、誰が見てもモテる子だったら、例えば「うーん、でも好きな人にはなかなかモテないよ~」なんて返しも可愛い。

でも、社交辞令だった場合にこう返すと、「本気でモテてると思ってんの?」と思われて、非常にイタい。でもどちらの意味なのかがわからない場合がほとんど。

なので、どちらの意味でもスマートに返せるようにしておきたい。

「私がモテるわけないでしょ。全くモテなくて、リアルに砂漠！」とか謙遜しすぎると、最初はモテると思われていても、そこまでモテないんだというレッテルが貼られて、価値まで下がる。

もしそれが美女だとしたら、可愛いのに本当にモテないなんて、何か欠点があるに違いないとすら思われる。

社交辞令で言ってた場合は「だよな、やっぱり」と思われるのがオチ。

だからって、全肯定して「まー、それほどでもないけど～♪（ちょいドヤ顔）」と返すのは、どんなに可愛くても、その言葉に負けないくらいキャラが立ってる子じゃないと、とんでもないアホ子に見えるので、要注意。

でも、冗談っぽく「それほどでも～♪　うそうそ、誰か紹介して下さいっ！（笑）」くらい茶化すと可愛い。そう、**上手に茶化すのがコツ**。

「えー♪　モテてたらいいな～（笑）」「どうだろ、わかんないよ～！　モテたい♡

（笑）」と可愛く茶化す。

男性は、「またまたー、言い寄って来る人、いっぱいいるでしょ〜」とか、なぜか「答え」を求める傾向にあるので、「何で？　言い寄って来る人、いないの？」など、モテるのかモテないのかを突き止めようとする人もいます。

「自分じゃわかんないよ〜！」とか「どうだろ〜、ふふふ（笑）」否定も肯定もせず、曖昧に、とりあえず無邪気に。


飲みの場などで「モテるでしょ」と言われたら、「何で知ってるのー？　なんて、冗談だけど、口説かれるの待ってます（笑）」とか冗談ぽく、このくらい言ってもよし。

本当にモテると思っていた場合、口説いてみろと果たし状を渡されるわけだ。

なぜか男は挑戦が好き。口説かなきゃという思考になる。

冗談の場合、「口説くわけねーだろ」と思われる前に、「子供と動物にはモテモテなんだけどね（笑）」なんて付け加えておくのもよし。

「モテそう？　ホント？　冗談でも嬉しい！　今日はいいことあるぞ♪」ルンルンしとこ。

column

# 過去の恋愛からマナブ

あまり振り返りたくない人もいるであろう、過去の恋愛。

まだ傷が癒えていない人。

「ホント、無駄な時間だった（怒）」と怒りが治まってない人。

なかった事にしてる人。それぞれだと思う。

でもね、**無駄だった恋愛なんて、ないからね！**　振り返ろ、振り返って学ぼ！


過去の恋愛を、書き出してみよう。

A君との恋の始まり。B君との始まり。C君との始まり。どんなきっかけで恋愛が始まった？

全部がベッドの上からの人。全部が友達だった人。バラバラな人。始まっ

column

たと思ったら始まってなかった人。それぞれだと思うけど、パターンがあるはず。

良いとか悪いとかじゃなく、自分の恋愛傾向を客観的に知ろう。

恋愛中、何が楽しかった？
何に幸せだと感じた？
何が嫌だった？
彼にどうしてほしかった？
どんな理由で喧嘩した？　……などなど、書き出してみる。

私もやってみた。これを踏まえると……、
よく出かける先で知り合う傾向があり、外見が好みすぎると勝手にヤキモチ妬いて辛いと。
真面目な人を選ぶスキルはあるとして、趣味が近くて一緒に遊べる友達みたいな人の方がよくて、愛情表現がそれなりに豊かで、ツンデレじゃない人。異常な束縛をしないというか、させないように努力をし、お互い仕事が忙しくても会う工夫ができる…そんな人が、良さそうじゃね？

まー、これに合った完璧な人もいないから、それは恋愛の間で徐々に作るんだけど。

幸せな既婚者は言う。

「思い描いてた理想の結婚生活とは違うけど、ある意味今が理想かな♡」

**思った通りにはいかないけど、幸せの形は自分で作るもの。**

過去の恋愛の中から、傾向と対策が、ある程度はできるはず。

毎回浮気されるとか、毎回暴力をふるわれるなど、傾向がはっきりしている人は、「男運がないんだ」じゃなく、自分がそうさせているところもあるはず。

そんなの、認めたくないかもしれないけど、そうなるまでの流れもしっかり書き出して、客観的に見てみようね。

毎回付き合い始めに、「今までの恋愛では、いつもこうされてた」と彼に言っていたら、これからは言わないでみるとか、変えて変えて変えて!

# step 3

# ずっと一緒に
# いたい女になる

## 22

# 疲れてるときに一緒にいたい女の子になる

どんな話をしていても、アホなんじゃないかと思うくらいポジティブで丁度いい。**「彼が疲れてるときでも、一緒にいたいと思える女の子」**を演出したい。なんでも楽しむ女の子。

もしも、知り合った男性のお財布がまだまだ潤ってなかったり、転職の時期などお金を使いたくないときだったら。男性は、お金がないと女性をデートに誘えないと思ってる人もいる。

そういう人は、エスコートする気持ちがある人だから、そんな時はお金がかからないデートプランを自分から提案。「〇〇公園に行きたーい☆」とかね。

食事も、目に入ったファーストフードや立ち食い蕎麦でも、「ここでいっか」って言うより「ここの〇〇、美味しいって聞いたの！　食べてみたい！」

１００円マックを、「これでもいいよ」と食べるより、「これ、美味しい☆」と食べる子と一緒にいたいと思うよね。

相手がテンション下がってるときでも、「ねー、楽しくなさそうなんだけど。つまんない？（怒）」と聞くより、「お疲れかな～？（笑）」と笑顔で。

相手が聞いてても聞いてなくても、楽しい話題を楽しそうに喋っとこ。「ねー、聞いてんの？（怒）」なんて言わず、「あ、お構いなく～♪」

一人でも「わ！　子犬♡」とかって、楽しくいれるくらいで。

仕事の愚痴も、「えー、会社、辞めちゃえば？」なんて言わず、「大変なんだね。でも、偉いなー、真面目に頑張ってる○○君を尊敬する」など、プラスに持っていこう。「今の努力が実を結ぶ日が来るよ！」と未来の希望や、「それ以外はすごく恵まれてるよね！　人徳♡」とか、**見失いがちな恵まれてる部分や才能を伝えてあげる。**

普段は、靴下に穴が開いてても爆笑。オナラしても爆笑。コケても爆笑。何しろ楽しそう。その**楽しそうな笑い声は、彼の記憶に残る**。

そして、「疲れてるときくらい、甘えていいよ〜♡」なんつって「ほら、カレー食え♡」とかカレー出すだけで、きっと男は癒されまくる。

自分が疲れてるときは、機嫌悪くする前に「…見て、わたし、超疲れてる！」と面白いくらい大袈裟に伝えてみる。床に転がったりしながら。

「だから、アイスクリームおごって」と可愛いおねだりもしてみる。

「会社でこんな事があった。うー。私、可哀想だ。アイスクリーム…（泣）」くらいの、**ウザくない愚痴り方をマスター**しておこう。

ここで、改善方法を真面目に考えてくれる男も多い。それ、いらない時もあるじゃん。

そんなときは「…大丈夫、アイス食べたら落ち着くから。ありがとう。やさしいね」くらいにかわして、論弁する口を塞いどこ。

# 23 ダメ男を見分けろ

ちょっといいかもと思う男性と知り合うたびに、「この人が運命の人かも！」「この人が未来の旦那様？」と思ってしまう病を抱えている女子の皆さま、運命の人とか未来の旦那とかの前に、まず**普通に恋愛してみようという心のゆとり**を持とう。

運命の人だと思って付き合いつつも、毎回結婚は到底考えられない男。または、ダメ男と薄々わかっていても相手に合わせちゃって、何となくダラダラずるずる付き合っちゃってる人も。

そりゃね、付き合ってみないとわからない事が多いから、まず気軽に付き合ってみていいとは思う。でも、付き合ったところで振り回されちゃってる人、そもそも付き合う前に関係が終わる人は、ここに当てはまるような男じゃないか、チェック。

すぐエッチしたがる男。男性は、「恋愛の始まり＝エッチ」と普通に思ってる人もいるから、ただヤリたいだけじゃない場合だって大いに有り得る。

でもさ、まだたいして仲良くもなってなく、1〜2回食事しただけなのに、お泊りする方向にやたらと誘導する男は信用ならない。

うっかり流されちゃう女子も多いけど（そんな流れから恋愛に発展することだってあるけど）フィーリングを大切に。

たとえば最初のデートがたまたま夜で、全く抵抗なく楽しく出掛けられるならいいけど、ちょっとでも**「何でそんな遅い時間から？」と思った時点で恋してないから**流されてはダメ。

相手にしないとキレる男。

**「好き＝依存」じゃない**。忙しくてたまたま電話に出られなかったり、たまたまメールの返信が遅れても、「何で出なかったの？　男といたの？」という男は、要注意。もう、この時点で面倒そうなのはわかっていても「心配かけないようにしなきゃ」と自ら拘束されるダメ子よ、目を覚ませ。

相手を信用してない男は、自分に後ろめたい事があるか、自信が無さ過ぎて彼女と

普通に向き合えない場合が多い。

自分の思い通りにしたがる男。

デートの約束でも何でも、自分がどうしたいかがいつも先で、相手を尊重できない人は**そもそも思い遣りに問題がある**よね。

「俺のこと好きなら合わせられるでしょ？」みたいな空気を出す男が一番好きなのは自分で、彼女は二の次。火事とかあっても一人で逃げるタイプ。

なーんとなく仲良くなり始めた時点で、うっすらでもダメ男臭がしたら要注意。

完璧な人なんて男女共にいないけど、**自分らしくいられる相手と愛を育んで〜☆**

# 24

# 理想の恋愛をするには？

**完璧な男はおりません！** 王子様がいつか迎えに来ると信じてやまない、夢見る年取った少女達よ、朝だ、起きろ、目を覚ませ。

知り合ってちょっと気に入っても、その後ちょっと気に入らないことが目に入ると、「好きになれない」「なんか違う」と言い出すのが女。

そりゃ、誰しも変なところや合わないところはあるっちゅーの。

年々狭くなる許容範囲、年を取るにつれて年々選ばれる率も下がってるのに、さらに許容範囲までも狭めてどうする。狭めず、むしろ広げて！

そもそも、**新しく知り合う男性を全て「恋愛できるかできないか」で見ることをやめよう。**「結婚前提となると、この人は無理」

まだ始まってもいない恋愛を勝手に妄想して、恋愛はできないという決断をすると、自然と友達にもならない流れになりがちじゃない？

理想の恋愛像は、捨ててちょうだい。

人を好きになって恋愛になるときって、変なところもいっぱいあるのに好きになっちゃった、なんて経験ない？

「えぇ～」と思うところが相手にあったならば、そこを見て引いてしまわず、笑いも交えて指摘しちゃえばいいよね～。

気付いてないだけで、言ったら直ることだってあるだろうし。

例えば、服装がダサい。それなら「こういうの似合うと思うー♡」自分好みの服を一緒に買いに行けばいいよね。

「こっちの方がモテると思うー♡」なんて言われたら、それ着るから。

例えば、お店の店員さんに横柄。そんな姿を可愛く笑って、「いつもそんな感じなの？（笑）私がファミレスでバイトしてたときも、そういうお客さんが来ると、みんなで笑うの！」なんて、笑われちゃう事なんだと言う事をなんとなく伝えちゃうとか。「殿様だね！（笑）」なんつって、それから殿って呼んでみちゃうとか。

例えば、清潔感にやや欠ける。ほんのり服がオイニー。いい人だけど、全体的にだらしない。そこも可愛く笑って、「クンクン。室内干しに失敗したな～（笑）」くらいだと、そこまで傷つけずに「臭ってまっせ」をフワっとダイレクトに伝えられる。そしたら洗濯するから。

**言い方次第で、言えば直るものは沢山ある**。頑固過ぎる男なんかも、「はいはい、ジャイアンだもんね～（笑）」と茶化してみちゃう。なんなら、「ジャイアーン！　あ、違った（笑）」って、ジャイアンって呼んじゃう。**笑顔で、楽しく何でも伝えてみる**。どうせ「ないかも」と思ったなら、完全に縁が切れる前に、いろいろ言ってみればいいよね。

逃した魚を他の女がタイに変えてたら、後で後悔するんだろうし。自分も完璧じゃないんだから、素直に成長して～。

# 25 男を呼べる部屋に

急遽、まだ仲良くなり立てのアイツが部屋に。散らかってるけど、早めにダメなところは見せておいた方がいいかな。なーんつって、脱いだ靴下が床に転がってるような女の部屋で、誰がくつろげるかってーの！

「アタシは居心地いいんだけど（照）」って家主以外は居心地悪いだろ。

**男は、居心地のいい部屋に来たがり、そんな部屋の家主に懐く。**

急な来客でもし片付いてなくても、「ちょーっと、5分待っててもらっていい？」で、どうにかなる程度にはしておきたい。干した洗濯物を押し入れにぶち込めばいい程度には、ね。

便座を上げたら黒カビだらけとか、キッチンがなんか臭いとかないように、日頃からちょこっと、気を付けてみよう。

人様の部屋に上がり込んで気になるところは、人が自分の部屋に来ても気になるもの。どこに目が行く？

女子の部屋なら、床に落ちた長い髪の毛。ある程度は仕方ないよね、掃除機かけた矢先に落ちるし。でも、掻き集めてカツラが作れそうな量だと、その中はダニの山だよね。こえー。

チラっと見えたキッチンが、綺麗すぎても「料理、しないんだなー」と思うけど、あまりに油が固まりまくって汚かったら「料理出されても、食べたくないなー」と思う人もいるかも。

日々ちょっとずつ汚れていくし、その中で生活してるから気になりづらい事もあるけど、**「どこでもゴロゴロできる部屋」って、疲れてても行きたいって思うよね〜☆**

「よし、居心地のいい部屋は、スーパー綺麗がいいに決まってる！」

脱いだ服を床に置こうもんなら、「ちょっと！ハンガーにかけるか、畳んで棚に上げておくか、どっちかにしてよ！」、「あーもー、散らかさないでよ！誰のために掃除したと思ってんの？」なんて言ったら、最悪。居心地悪い。今すぐにでも帰りたい。

男は小言が大嫌い。脱いだ服が気になるなら、そっとハンガーにかけてあげればいいじゃんね。しばらくしたら、「ここにハンガー置いておくね！」「かけてくれたんだ、ありがと♪」と**お礼を言って、ちょっとずつ慣れてもらう**。調教だ。

インテリアも、ものすごーくラブリーにしなくてもいいけど、ちょこっと植物があるとか、ティーポットがおシャンティーとか、**「女の子だな～♪」と思われるところがちょっとでもあると、いいよね**。

あとね、香り！　タバコの臭いやペットの臭いはもってのほか。

夜中につまんだビーフジャーキーとスルメが混ざった臭いが残ってるとか、考えただけでも気持ち悪い。

**玄関を開けたら、ふわ～っといい香り**……の部屋にするなら、消臭のやつ（アロマの香り）とか、置こ。

# 26 ベッド・風呂場を快適にしよう

**ベッドが臭い女は、モテません**。彼の部屋のベッドが多少汗臭くても、男の部屋だし、別に普通だよね。

でも、女の部屋のベッドが、汗臭いのか加齢臭なのか、苦い香りがしたら嫌だよね。シーツも、いつ洗ったのかわからない、いつも寝てるであろう真ん中辺りだけ黄ばんでるとか……気持ち悪いよね。

夜の秘め事。**彼女の部屋のベッドは、いつもフカフカで、なんだかいい香り**。そこに素肌で抱き合う二人。↑これをしたい。

なので、汗を吸いまくって重たくなったかけ布団は、干して。めくったら何かいそうな敷き布団も、干して。

若干酸っぱい匂いがするかもしれない枕は、カバーを洗って中身は干して。

シーツ、どんな感じ？　陰干ししたらゴワゴワで〜、なんてことにならないよう、裸でゴロゴロしたい手触りにしておきたい。

枕は、なぜか2個以上。か、横長のを1個。寝心地が悪い枕だと、疲れる。疲れると、あまり来なくなる。あまり来なくなると、疎遠になりやすい。疎遠になると、気付いたら終わってたりして。あわわわ、枕ごときでそんなことになるなんて…。

我が家は、なぜかいろんなタイプの枕が3個も。クッションもいろいろあって、5個くらいの中からベストなものを選べる。あらやだ、誰がいつ来ても、安心♡

そして、ベッドときたら、風呂。秘め事の前だか後には、風呂に入るでしょ？　入らないの？　人それぞれでいいけどさ、清潔にね！

なんて話はどうでもよくて、家主は見慣れてしまった風呂の光景、他人から見ると小さな黒カビが気になったりする。

水垢がぎっしりで、清潔なのか清潔じゃないのかもわからなかったり。髪の毛ならまだしも、陰毛が落ちてたり。しかも沢山。さらに石鹸にまで付いてたりして……堪えがたい。

そんな恐怖のお風呂場にならないよう、水回りこそ綺麗にしておきたい。「今夜は、泡のお風呂にしよっかー♪」なんて、いつでも湯船に浸かれるよう、前の晩に出た垢が浴槽にビシーっと付いたままになってないように、**その日の垢はその日のうちに、**綺麗に流しておこう。

爺さん婆さんになっても、狭い湯船に無理矢理入って、背中を流しあえる、楽しいバスタイムを過ごせるような関係を作りたいよね。

綺麗でピカピカなお風呂に、キャンドル沢山置いて、泡のお風呂にして、オイルでマッサージし合いながら……えーと、キャンドルねえ、閉めきった風呂場に山ほど置くと、酸欠になるから、気を付けてね、ホントに。

何しろ、裸ですごす場所は、清潔で、いい香りがする場所であり続けるように。「ちょっと！　枕の上に陰毛、やめて！」小言はね、ホントやめてね。

# 27
# 「結婚しても安心」と思わせる

「胃袋をつかむんだよ」って、よく聞くじゃん。果たして、男は飯で釣れるのか？
結果、釣れるそうです（いろんな男性に聞いて歩いた結果）

彼女が料理できなかったり、料理がまずかったりすると、お腹が空くたびに外食しなければならない。非常に面倒臭い上に、非経済的。男が作ればいいじゃんという女子もいるけど、それが一生続くのはありえない。

だけど、彼女が料理上手だと、ちょっとお腹空いてもササっと作ってくれ、家で美味しいご飯が食べられ、「結婚して子供ができても、安心だな～」なんて想像をする。
そう、重要ポイントは、**「結婚して子供ができても、安心だな～」**です。

仕事で疲れてるとき、彼女と会うのに、食事に連れていかないといけないのは、ちょっとダルい。そんなとき、**「ご飯、作っておくね♡　何が食べたい？」**↑**男はこれが好き。**

二人とも疲れてたら、「簡単だけど、親子丼でもいいかな？」なんて、卵と鶏肉を麺つゆでチャチャっとやればいいだけだけど、なーんか、こういうのが嬉しいじゃーん♪

これ、すごく凝ったものや、変わったものではなく、家庭の夕飯＋女の子っぽい盛りつけの簡単料理でいいの。**彼が安心して、ほっこりできる、また食べたいと思うものがいいよね。**

彼女の家に行って、「トルコ料理に挑戦してみました〜♪」と、不思議なものを食べさせられるより、「季節の野菜を使ったカレーに、ミニハンバーグを付けてみましたー☆」の方が、好感度高い。

カレーはトロトロがいいのか、サラサラがいいのか、福神漬けは欲しいのか、肉山盛りが好きなのか…。彼好みの手料理を聞き出し、日頃から与えてみよう。

「最近、仕事大変そうだから、元気が出るように、にんにく沢山入れましたー☆」なんて、身体もちょっと気遣ったりしちゃって。「にんにくの香り＝美味しい」という認識の男も多いから、試してみてね。

「子供の頃に好きだった食べ物って、何だった？」なんて、自然に聞き出して、サプライズで作ってあげるのもいいかも。

彼が甘党だったら、「デザートは何と、手作りプリンでーす♡」まさかの手作りに、喜ぶかも（電子レンジで簡単に作れます、検索してみて）

手作りデザートなんて、いいお母さんになりそうじゃんね～！

ちょっと体調が悪いときは、「生姜とネギたっぷりのスープを作ったよ！」とか、飲みすぎたときは「シジミのお味噌汁、どうぞ～♪」とか、熱があるときは「スイカを食べると、中から熱が下がるんだよ～」なんつって物知りババアっぷりを発揮して、民間療法と愛情で彼を支える。

**「家庭的だな～、身体に優しいな～（ほっこり）」と離れられなくさせてしまおう。**

# 28 餌付け料理をマスター

本を見ないと作れないような難しい料理もたまにはいいかもしれないけど、食べ慣れた、普段の普通の料理で、しっかり餌付けしておきたい。

料理は、**3時間かけて作っても、30分で作っても、相手の感想は同じ。**だったら、サクっと作れるもので、飼い馴らしたい。

男は誰でも好きであろう、カレー。あらかじめ、どんなカレーが好きなのか聞いてから作ろう。全然好みじゃないカレーが出てきたら、期待する分、凹み度もデカい。ボンカレーが好きなのに、香辛料たっぷりのインドカレーが出てきたら、手は込んでるんだろうけど、全然喜べない。

「何でもいいよ（ニコ）」なんつって、まさかのインドカレーだったらビックリするから、「辛口がいい？　和・インド・タイ、の3択で」ってなぜかクイズ形式で聞いておこう。

だけど、初めての手料理でカレーだと、あまりに定番で「簡単に作れんじゃん」というイメージがあるらしく、あまりいただけない。

なので、初めての手料理は、例えばハンバーグ♡

これも、全ての子供と男が好きであろう料理。だけど、カレーよりも手間がかかるイメージ。「中に、トロトロチーズを入れてみましたー☆」なんて**ちょっと工夫するだけで、感動もひとしお**。

ハンバーグなんて、多めに作っておいて、食べる分だけ焼いて、残りは冷凍しておけば、次は焼くだけでいいから、超便利。毎回、手作りには違いないし。

鶏肉も小分けにして、「醤油と生姜とゴマ油に漬けたもの／にんにくと塩コショウで下味付けたもの／何の味も付けてないもの」と3種類くらいの味付けにして、そのまま冷凍。

あとは、料理に合わせて必要なものを焼けばいい。薬味になるような野菜も、切って小分けにして保存。そういうちょっとした物が添えられてるだけで、一見「適当じゃない料理」になる。

あと、食器もいくつか常備しておく。

ちょっと乾杯したいときのグラス。それとなくいろんな料理に対応できるお皿。

料理も、簡単なものでいいけど、「男の手料理」に見える感じじゃなく、**ちょっとでいいから女の子らしい可愛い盛り付けを。これ、何気に男は好き。**

**生活において、食は大事よ。**

ある程度の栄養管理をしてくれる女性がいるって、男にとってはすごい幸せ。

「あ、私、栄養管理とか全然できないし」なんて言ってないで、自分のためにも調べなさい！

マグロとビールと貝で毎晩晩酌してると、アンタの彼氏、痛風になるよ！

# 29 彼がウソをついたら？

なぜ男はウソをつくのか。男は、どーでもいい、つかなくていいようなウソをつく。

１００％ウソじゃなくても、50％くらいの微妙なウソというか、よくわからない見栄を張ってきたり、正直に言えば何も問題ないことにヘタなウソをかぶせてきて、イラっとさせる。


「昨夜は、朝まで男友達と飲んじゃって、連絡できなくてゴメン。男だけでカラオケで…」なんて言ってても、香水の香りがついてたり。香りが残ってるのに、わざわざ「男だけで」を強調するから、見え透いたウソに腹が立つ。

例えば上司にキャバクラに連れて行かれてたとしたら、

「上司に連れて行かれちゃって。香水臭い？　大丈夫？　アイツら臭いんだよ～」

なんて言われたら、「キャバクラ！」って思っても、話してくれたってことは後ろめたいこともないんだと思うよね。……思ってね。

これ、なんでこんなアホなウソをつくと思う？　心配させたくないとか、怒られたくない、浮気をしてた、などなど理由はあると思う。

そこで「ねーウソついてるの、バレバレなんだけど！　バカなの？　どこ行ってたの？　ホントは何してたの？」なんて問い詰めたが最後、二度と本当の事は言わなくなります。ウソとわかってても、気付かない振りをしてあげよう。

ウソを見抜いてしまったときの三原則。

●**問い詰めない**。「へー、カラオケ楽しかった？　たまには発散しないとね♪」

●**気付いたことを笑いに変えておく**。「香水変えた？　なんちゃってー（笑）」

●**逃げ道を残す**。「いろいろ付き合いもあるんでしょう、ほどほどにね～」

よくある、謎のモテるそぶり。「社内の女の子に気に入られてて……」

だからどうしたと言う話は↓ヤキモチを焼かせたい／あなたの気を引きたい。

バカみたいでも可愛いよね。

よくある、過去のウソっぽい自慢話。「学生の頃は野球部のエースで……」ほんまかいなと思う話→スゴいと思われたい／あなたの気を引きたい。バカみたいでも可愛いでしょ。

とりあえず、「へー、スゴいね！　モテたでしょ♡」と答えてあげよう。すると、彼はあなたのことが大好きになるから。

**男の人は、いつまでもある意味3歳児。**ささいなことでも「ママ、すごいでしょ！褒めて！」と思うし、小さなウソはバレバレでも、必死で隠そうとする。シレーっとウソをつける悪党もいるかもしれないけど、バレてるのを必死でごまかそうとしてるのは、可愛いじゃん。

**「はいはい、信じますよ（笑）」と言ってあげられる女が、最終的に愛され続けるのではなかろうか。**

# 30 彼と長続きする秘訣

何はともあれ、**小言を言う女はモテない上に、長く一緒にいたいなんて思われない。**
素直に、「うん、わかった♪」と言える女でいたい。

彼が「今夜、電話するね」
でも待てど暮らせどかかってこない。電話したら留守電。
翌日聞くと、「同僚と軽く食事に行ったら、疲れてたのか酔っちゃって」
はぁー？　ウソだろ？　そこで「はぁー？　電話の1本くらい、できるでしょ！
私、待ってたんだけど！」なんて、うおー、面倒臭せー。
なので、見え透いたウソだと思っても、「そうなんだー、最近忙しかったもんね！」
さらに、
「昨夜は待っちゃったけど、約束の時間をすぎたら、次からは寝て待つよ（笑）」

これくらい言うと、寝ずに待ってた事も伝えられる。「二日酔いになってない？」なんて気遣いをしたりね。食事が嘘でも本当でも、この子に嘘をついちゃイカンと思うように。

「何でこのアタイが、そんな都合のいい女に成り下がらないといけないわけ？」と思いなさんな。そりゃ、なかには「この女、何でも信じるぜ。アホじゃ」と思う悪党もいるかもしれない。

でも、何度かこういう「私は大丈夫だからね（ニコ）」という優しさに、「ええ子や、大事にせな」と、普通の男性は思うもの。

**都合のいい女になったもの勝ち。そこから転がすべし。**

「言えば直ることも沢山ある」と書きましたが、**今までの生活を変えられることに抵抗がある男性は多い**。服とか言動じゃなく、生活の部分で。

相手が変えてほしいと思ってないものに対して、「私がこの人を変える！」なんて大それたことを考えるべからず。

例えば、メールの返事が遅いと小言を言われる。だから「すぐに返信しなければいけない」と思うと、面倒になる。

「飲みに行くときは先に連絡してって言ったじゃん！」

「だから便座は下げてって言ったじゃん！」

「ここに鞄を置かないでって言ったじゃん！」

もー面倒。何も気軽にできない気分になって、逃げ出したくなる。


小言を言わず、居心地のいい空間を与えよう。そのなかで、これだけは辛抱たまらんという、どうしても直してほしいところは、笑いながら面白く伝える。

小学生にちょっとずつ教えるつもりで。

自分だって今までの生活と違うことを「何で何度も言わせるの？」なんて毎日言われたら、「うるせーハゲ！」って言いたくなるでしょ？　相手がハゲてなくてもさ。

相手に何か1つ変えてもらったら、自分も1つ相手好みに変えるつもりで、**お互いがお互いのベストな相手に成長していこう**。とにかく、何か言うなら笑いながらだよ！

column

# 餌付け料理大会

大事な食事の時間には、「二人でいるから、楽しいね♡」という感情を刷り込みたい。

**楽しい共同作業料理。**共同作業を望まない男性もいるけど、楽しい部分だけでもやらせよう。

**手作り餃子大会。**たねを作るところまでは、やってあげよう。包む工程から、一緒にやってみる。

やたらと上手な人、小学生レベルの人、いろいろだと思うけど、難しければワンタン方式で閉じるだけでもいいし。海老を入れたり、ニラを沢山にしたり、チーズを入れたり。3種類くらいの味で作っておくと、食べながら「今の、チーズだった！」なんて遊びもできて楽しい。

column

**一緒に遊びながら作って、一緒に食べる。こういうのは、一人じゃ楽しめないからね！**　工作気分で楽しめる男性は、何気に多い。大量に作っておいて、残りは冷凍。別の料理がメインの日に、水餃子にしてもいいし、鍋に入れちゃってもいいし、アレンジいろいろ。

**たこ焼き大会**。これ、個人的に大好き。だって、楽しいじゃん！

これも、たねを作るところまではやってあげて、丸く焼くところから一緒にやる。最初は面倒そうにしていても、焼き始めたら楽しくなっちゃう男はホントに多い。

男はいつまでたっても、どっか子供。これも、タコ以外にもいろいろ具を入れてみる。ロシアンルーレットみたくもできるし、一緒に飲みながらできて、何気にテンション上がる。

たこ焼き器は、電気屋さんでも、インターネットでも、いろんなところで購入可能。

**ホットケーキ大会**。なんでも大会にすれば、楽しいってもんだよね〜。ホットケーキは、ちょこっと手伝ってもらえたらいい程度。混ぜるべきものを全てボールに入れたら、「では、コレを混ぜて下さい♡」って渡してみよう。その間に、バナナ切ったり、メイプルシロップ用意したり、フライパンを温めたりしてちょっとしたデザートをいつでも作れる状態にしておこう。ホットケーキは一度作ると、「また、食べたい♡」と言ってくる。特別好きなわけじゃなくても、なんだかんだ食べたら美味しいからね。たまに、アイスを乗せてみたり。アンコを乗せてみたり。いろんなものを乗せて楽しめる。

甘党の男って、結構多いんだよね。

**しっかり餌付けして、狙った男を仕留めよ。**

# step4

# 大事なのは
# 容姿じゃない！

## 31
# 姿勢で出せるフェロモン

どんな美人も、立ち姿が悪いとダメな女に見える。
ボケーっと電車を待つ姿が、猫背で顎《あご》が前へ出てて、足元もだらしなくて……って
だけで、なぜか不幸そうに見える上に性格までも悪そうに見える。
**立ち方ひとつで下品にもブスにも見えて、残念すぎる。**

顔も体形もファッションも普通でも、姿勢がステキなだけで、ステキな女に見える。
**ステキ雰囲気に包まれて、なんでかステキに見える**から不思議。

さてさて、どんな姿勢だとステキに見えちゃうのか、伝授いたします！
これ、身長143センチで手足が短い寸胴の私がビキニの撮影モデルができるくら
いごまかせる効果があるから、要チェック。

●まず、鏡の前に横を向いて立ってみよう。日本人は、ちょい前傾姿勢になる人が多い。前傾している身体を戻し、かかとの上に身体がしっかり乗ってる状態を作ろう。

●骨盤を真っ直ぐ立て、下腹部に力を入れる。

●肩を前から後ろへ大きく回したところで、ストンと落とす。

●胸を張るというよりは、鎖骨を開く。すると、自然と顎が少し引けるはず。

ここまでがベーシックな立ち方。日頃から、この感じを意識して下さい。

さらに、ここから色気をプラス。女性ら

しいしなやかさとラインを表現していきます。

●ボケーっと立つときは、左右どちらかの足に重心を乗せ、腰にS字ラインを作る。

●写真を撮るときだけ、骨盤を前傾（やや反り腰）にする。横から見てもS字ライン。

どう？　鏡の前でやってみた？　スタイル5割増になるよ。

**モテる女は雰囲気美人**。姿勢ひとつで「いい女フェロモン」は放出できます。

常に、360度、どこから誰に見られていてもブサイクじゃない、美しい立ち方を忘れないで！　一人でいる時もね！

# 32 座り方ひとつでいい女

魅惑の立ち方があれば、魅惑の座り方だってある。

座り方ひとつで、ダメな女に見られないように！


ではさっそく、いつも通りに、人前にいるつもりで椅子に座ってみましょう。

……ドカっと深く座って背もたれにドーンと寄りかかった人、アウト〜！

**椅子にドッカリ座ってるいい女を見たことがない**。アナウンサーをごらん、あれだよ、あれ。


というわけで、そのアナウンサーのあれを説明しましょう。鏡の前に椅子がある家は少ないと思うけど、鏡の前でやってみよう。

●浅めにちょこんと腰掛け、背もたれに寄りかからない。
●姿勢は正して、「立ち方」同様、下腹部に力を入れ、鎖骨を開く。
●しっかり閉じ、つま先まできちんと揃える。
●足が長くて困っちゃう人は、足を斜めに揃える。

**座り方ひとつで、とーってもお上品で、すっきりとしたいい女に見えちゃいます。**

膝がパカーっと開きっぱなしな女、ものすごく多いけど、どうなのよ?
ちょっとくらい開いたところで、内もものお肉でパンツは見えないわけだけど。

そんな見えそうで見えないチラリズム、モテないからね！


ずっとそんな座り方してたら、疲れるから嫌だなと思う方は、こちら。

しっかり深く座り、そっと背もたれに寄りかかり、エマニエル夫人（若い子は知らないかも？：）の様に、ちょい優雅な感じでお座り下さいませ。

ただ、膝は開かないよ！　ドッカリ深く座ってても、下腹部に力を入れ、鎖骨を開く感じね。日々の電車の中や会社の椅子で、クセにして。

# 33

# 指先のエロスに男は弱い

指先に…エ・ロ・ス♡

これね、沢山の男性が「女性に、エロスを感じるところはどこですか？」という質問に、「指先」「指先の動き」と答えた。指先の…動き…エ？

何気に見られている、指先。爪を切っただけのノーケアだったり、手がカサカサだったり、指毛が生えすぎてたり、

2週間前に塗ったであろうマニキュアがハゲまくってたり、サロンでやってもらったネイルが数本はがれてたり、凶器みたいな爪が付けられてる指になってない？

そんなにすごく頑張らなくても大丈夫だけど、**せめて清潔感のある指先を保ちたい**。

ささくれが、相手の身体に触るたびに傷を付け、翌朝フレディー（「エルム街の悪

夢」より）に襲われたと思わせてしまうレベルの子、爪の周りにオイルを塗ってマッサージしよう。**オリーブオイルでもＯＫ。**ゴマ油だと、韓国のり食った後みたいだから、やめよう。

あまりネイルやらをしない人も、爪を伸ばさない人も、それなりのケアを。

私は、あまり爪は伸ばさず何も付けたくない派なんだけど、伸びても２ミリくらいまでにして、形をしっかり整える。甘皮が元々あまりないんだけど、そういうケアをしておくだけで、とーっても好印象。

透明のマニキュアに、１～２本の指だけ、小さいラインストーンを乗せたりしても、お上品。**お上品にね。攻撃的な爪より、断然人気だから！**

美しくなった指先、動きもちょっと意識してみよう。

美しい指先で、髪を耳にかける。

美しい指先で持ったフォークとスプーンで、サラダを取り分ける。

美しい指先で、手をマッサージしてあげる。

美しい指先で、指相撲で負けてみる。

「アタクシの指先、綺麗ざんしょ?」と言わんばかりに、**まるでお着物でも着ているかのように、しっとりしなやかに意識してみる。**

これ、一人でいるときも、日頃からちょっと意識してみて。手元がガサツな女は、ガサツな印象になりやすいからね。

「指先まで、敏感♡」みたいな感じで(↑どんな感じ?)、神経を行き届かせよう。

男性は、こういうちょっとした仕草に色気を感じる。

**色っぽいな ↓ 好きかも ↓ この子の事が好きかも ↓ この子が好き。**

なぜか、いつの間にか恋をする。乳の谷間ドーンという色気じゃなく、指先の動きから出る色気。違い、わかるかな。直球の性欲ではない色気。

「直球のエロ=ヤリてー」

「直球じゃない色気=想像を掻き立てる ↓ 気になっちゃう」からの、好きかも。

**目線や指先、ジワジワっと来る色気に、男は弱いのです。**

# 34 ダサい下着NG

一見普通の女の子。かがんだ瞬間、デニムの腰からベージュのダサいデカパンが……アウト！

聞くと、尻のラインを綺麗に見せようと、ヒップアップ効果のあるハイライズのベージュ、デカいパンツ。でもどう見てもおばさんパンツ。尻のラインだの言う前に、そのダサいパンツが見えてしまったら、意味ないよ！

男は、そんな「腰からおパンティー♡…バッ、ババア仕様！（汗）」で、興ざめ。**見てるから、下着が見えちゃいそうなところは、見てるから！**

下着入れには、カラフルで可愛いパンツしか入れてはダメ。ダサいパンツはパンツじゃない。Tバックの方が、下着の線が表に出ないし、尻に変な跡がつかないし、チラっと見えてもダサくない。

尻は下着で上げず、**鍛えて尻そのものを上げる！**

急なデートで「ヤバい、今日はダサダサパンツだから、脱げない…」なんてのでお泊りを断ったら、「俺、断られた…」となり、次が続かなかったりしてしまうことも。パンツで男を逃すなんて、有り得ない！　常に、履いてテンション上がるパンツのみを履いて！　**デートは、タイミング命だからね！**

肩からチラっと見えるブラ線。胸元からチラっと見えそうなブラのレース。ブラジャーだって、同じだよ。

お母さんが着けてそうな、「ザ☆補正下着」と言わんがばかりの、色気のイの字もないようなブラがチラっと見えたら、驚いちゃう。

そもそも、ブラジャーが見えたら恥ずかしいけど、見えたとしても引かれないブラを着用しておこう。

大人しそうな、清純そうな女の子から、紫や赤の攻撃的な猛烈セクシーブラが見えてたら、「あの子、エロいかも！」これ、好印象（笑）。

でも、なかには「俺、無理かも（汗）」って尻込みする草食君もいるから、エロい下着は付き合ってから。

いざ脱がせたら、インナーがババシャツ。しかもヨレヨレ。デニムの下にレギンス履いて靴下も履いて、出てきたのがデカいパンツ。

部屋に行ったら、部屋着が穴の開いたトレーナー（上）＆学生のときのジャージ（下）という組み合わせ。

なんだろうか、全てが完璧に可愛くなくてもいいけどさ、なんだろう、この全く色気を感じないのは……。

靴下に穴が開いてて一緒に笑うのと、女のパンツがボロボロで穴が開いてるのとは、別だと思う。

次のページに進む前に、**「デートで履けるパンツ」と「そうじゃないパンツ」に分けてみよう**。で、「そうじゃないパンツ」をまとめた袋を、そのまま捨てる。あるとつい履き続けるから。

# 35

# ボディラインを見せる服

**オス（男）はメス（女）の身体の凹凸を見て「いいメス（いい女）」という認識をする生き物だそうだ。**

ラクだからって、ゆーったりした、どれだけデブっても気にならない服ばかり着てるんじゃやなかろうね…。

危機感&緊張感がないと、ナイスなプロポーションから遠ざかるよ！

男性は、フワフワ〜、ヒラヒラ〜っとした、フェミニンな服装の女の子が大好物。なので、ゆーったりしたフワフワ〜を着こなしたい。

でもトップスもボトムスもフワフワだと、イメージとしては、今いくよ・くるよのくるよちゃんだよね。相変わらず例えが古くてわからないという人が多い気がしなく

もないけど、怯まず例えてみました。

上がフワフワなら、下はヒップラインが綺麗に見えるパンツとか、腰のラインが出るスカートとか。逆に下がフワフワなら、ぴったりとした服を上に。

私は基本、全身ぴったりした服を着ています。で、首元だけ広く開いてたり、袖口だけヒラヒラだったり、冬場は足首やアウターだけフワフワだったり。

なぜなら、チビすぎてゆるフワの面積が多過ぎると、3頭身のゆるキャラみたくなるから（笑）。

胸がダイナミックならば、胸元のラインが出る服を。お腹もダイナミックだったら、ウエストラインはゆったりな服に。

下半身もダイナミックな人は、意外とパンツの方がスッキリ見えて吉。私は下半身デブだからこそ常にパンツ。脚が短い人はブーツカット、それなりに長さがある人はスリムパンツ。

ウエストはスッキリだけど、胸元もスッキリならば、上はフワフワで、細い脚のラインをミニスカートでババーンと出そう。

あえて華奢な上半身で鎖骨や肩ラインを綺麗に魅るなら、下はフワフワのヒラヒラもいいよね。

バランス良くボディラインを魅せて☆

# 36 肌美人は得をする

**女は、肌が綺麗なだけで、若く見える。**それが、すっぴんでも綺麗なのか、化粧でできてるのかは別として、肌を美しく魅せられるって、素晴らしい。

肌美人作り、はじめよう。

「当り前」と思ってるスキンケアレベルは、人それぞれ。私はスーパーがさつな方なので、スキンケアも割と適当。麗しきアラフォーライフ満喫中の私だけど、使うのは当り前の化粧水と乳液。だけど、**これらの効果を5倍発揮させている。**

**1・ローションパック**

2～3日に1回、入浴後、ローションパックをする。化粧水をコットンに染み込ませて、顔中に乗せる。10分くらい置いて、手の平で温めた乳液でハンドプレス。

## 2・湯船でローションパック

週に1回ほど。全身洗って、洗顔もしっかりした後に、1のローションパックした状態で、湯船でリラックス。毛穴が開いてるから、グングン吸収する。

## 3・乳液マッサージ

週に1回、湯船に浸かりながら乳液マッサージ。これも、全部洗ってから、湯船でリラックスしながら、乳液で顔全体をマッサージ。首から鎖骨まで、ヌルヌルぐいぐいやる。で、一度洗い流す。その後、普通にスキンケアするか、1か2をやる。

こうして、当り前スキンケアの効果を5倍発揮させても、一度ガパーっと開いた毛穴は、なかなか赤ちゃんの尻みたくはならない。だったら、上手に埋めようぜ。

毛穴やニキビ後のクレーターを埋めまくりたい人は、BBクリームとリキッドファンデーションを、混ぜて使う。1対1の割合で、しっかり混ぜる。

こうすることで、伸びがよくなり毛穴も埋まり、少量で埋められるので厚化粧っぽくならない。

指で全体に伸ばしたら、スポンジで叩くように肌に馴染ませ、余分な皮脂も取り除く。上からお粉を軽く叩けば、艶肌の完成。

だけど、とんでもなく寝不足で、肌が荒れすぎてるときは、埋めれば埋めるほど毛穴が目立つときもある。そんなときは、目のクマなど黒ずみがあるところだけＢＢクリーム＋リキッドファンデで叩き、全体はお粉だけで仕上げた方が、見え方がいい。

デート前に、肌コンディションが最悪だとテンション下がる。

無駄にイライラするかもしれないから、前の晩は手羽先を食べる……私はね。

生姜とお酢で、醤油少なめのさっぱり煮。翌朝、お肌プリプリだよ！

韓国料理のコラーゲン豊富なスープもおすすめ。

**肌の見え方で、５歳は若返る**から、やってみて！

# 37 触りたくなる肌と唇

どこかがカサついてる女は、恋愛力すら乾燥してそうな印象を与えるから、「豊潤な私が潤わせてあげる」くらい潤いの印象を与えたい。柔らかそうな肌、ぷるっとした唇。つい触ってみたくなる。**そんな肌や唇、殿方は見ています**。

ふと手を握ったとき、乙女の手なのに働く男の手。ふと脚に目を向けると、鮫《さめ》肌。唇に目を向けると、何かの食べカスなのか乾いた皮なのかわからない何かがめくれてる。

なんでしょうか、この「触っても、いいのよ♡」と言われても遠慮したくなるようなカサカサ感。決してベタベタではないのに、清潔に見えない感じ。残念でならない。

ふと触れた瞬間、「わ、柔らかい！　女の子だな♡」と思われる、常にスベスベで潤いまくってる肌をキープしたい。何はともあれ保湿だけど、保湿以前に問題がある女子が多すぎる！

まず、ムダ毛処理のときに、**乙女の繊細な肌に、カミソリの刃を当てるなんて、言語道断！**

どんな事情があれど、石鹸なんかで滑らせてるから大丈夫なんてことは、ない！お肌の角質は、ボロボロよ！

腕や脚、だまされたと思って1ヶ月は剃らずに、お風呂上がりに抜くなりしてみよう。気付くと白く乾燥していた部分が、クリーム塗らなくても大丈夫になるから。

抱き合ったとき、まるで凶器のようなすね毛が相手の脚に刺さったら、気分良くないよね。たとえば、チューはしたいのに、相手のヒゲが痛くて、こっちの口周りも荒れちゃうとか、ロマンチックな気分も半減。

逆に、抱き合ったときの女の子の肌がスベスベで気持ちいいと、**五感が鋭いオスはその感触をも記憶に残し、手放したくないと思う**もの。

唇にグロスを塗ると天ぷら食ったあとみたいな子がいるけど、カサカサで皮がめくれ上がったままグロスを塗ると、皮が天ぷらカスまでついてるみたいに見えるし、ベタベタで小バエが捕れそうな印象に。

お風呂上がりの唇に、薬用リップかニベアのハンドクリームなどを大量に塗り、サランラップで潤いを閉じ込める。10分くらいしたら、軽く拭いて寝る。

乾燥度合いをみながら、数日続けてみて。これで、**誰もが接吻を迫りたくなる潤わしき唇になる。**

湯船に保湿用の入浴剤を入れる。化粧水を顔に叩いたら、手に残った化粧水を腕や脚にも。フェイスパックをするときは、必ず唇パックも。そして、フェイスパックに残った保湿液で全身も潤す。

日々のちょっとした事で、乾燥ババアから触れたい潤い乙女に変身するので、ちょっとずつやってみよう。結構重症なカサカサ肌女も、割とどうにかなるから。

**冬の乾燥だけじゃなく、夏の紫外線からのカサカサからも、しっかり守るんだよ！**

# 38 美肌マジック

スキンケアとコラーゲンで、肌をプリプリにして、化粧で毛穴を埋めたら、**チークとハイライトで、更なる美肌を演出**。これで、雰囲気がガラっと変わるよ！

くすみやたるみ、ちょっとした小ジワや笑いジワ、何かと気になる目元は、ハイライトでちょっとだけ明るくして、**パール感のあるもので光沢を出そう**。

大人の女の普段使用なら、粒子が小さい上品な輝きを。**この目元の輝きは、七難隠す**。コンシーラーで隠れづらいシミやそばかすがある人も、このパールをのせるだけで、なぜかごまかせちゃうから不思議。

薄化粧でも華やかで、しっかりメイクもしつこくならない。チークとハイライトがセットになったパレットもあるからチェックしてみて。

肌を露出させる夏場は、このパールをボディにも使ってしまう。肩、鎖骨、腕、すね。光を反射させそうなところに、ササっと。顔も身体も、艶肌美人だよ！パール入りボディパウダーとして、サラサラ肌がキープできるタイプや、UVカットできるものまである！

だけど、ツヤっとピカっとだけでは、ハゲ頭の光沢といい勝負。艶の色気だけじゃなく、**優しく愛される柔らかさも欲しい**。ここで、**チークのフワっと感もプラス。これも、七難隠す**。

一昔前チークは、顔のサイドから、「ニコー」っとして盛り上がる頬骨の上までを、斜め上からシャーっと入れるのが主流だったけど、それだとなんだかキツイ印象に。**大人の女だからこそ、ポっと照れた感じに、丸くのせてみよう**。チークの丸の中心は、目の真下よりもちょっとだけ外側。ほんのちょっとだけ。で、「ニコー」っと盛り上がった頬骨の上からクルクルっと。シャーじゃなく、クルクル。

**「大人の女メイク」よりも「可愛い愛されメイク」を意識しよう**。つり目より、やや垂れ目。シャーより、クルクル。姉御キャラでも、妹メイク。艶っぽいけど、柔らかい。

ここで、**忘れてはいけないのが、顔の無駄毛。**

眉の周り、口の周り、よく見ると顔面を覆う芝。まつ毛の育毛剤を使ってる人は、目の周りを濃いめの芝が覆ってる人も少なくない。

そっと指で触れると、フサフサしてる。なんでしょうか、フワフワなのに、癒されるというより、ババ臭せー。光の加減で浮かび上がる芝、目立つところだけでいいから、ケアしたい。

でもね、剃り慣れてないのに急に剃ると、痛くなる。女性用の電動シェーバーかカミソリを使うときは、石鹸じゃなく乳液などで保湿しつつ滑らせつつ。

毛の流れにそって、肌の負担を少しでも減らしながら剃ろう。

多くても、週に1回程度に。

美肌感も増し、**化粧のノリもよくなって、**頬ずりしても芝を感じなくなるはず。

# 39 パッチリアイメイクで5割増

化粧で、5割増の美女に大変身している女子でも、すっぴんになると誰だかわからない……。それが良いか悪いかは別として、5割増な可愛い自分の顔を知っていることは、素晴らしい。自分の**最大限可愛い顔**を、知っておこう。

普段、手抜きメイクな人が多すぎる。ナチュラルメイクと手抜きメイクは、別だよ！

**ナチュラルに見えるしっかり可愛いメイクを覚える前に、MAX可愛くなった自分の顔を知るべし**。それに近いナチュラルメイクをするために。

メイク道具をそろえましょうって言うと、ものすごく高いフルセットをお店の人に言われるがまま買って来ちゃう人がいるけど、安くても最低限の物がそろってればい

いからね。
（アイライナー／アイシャドウ（黒と茶）／ハイライト／チーク／マスカラ／アイブロウ）

1．アイラインを、かーなり長めに引く。奥二重の人は長めかつかなり太めに入れて。
2．目尻にかけて黒と茶のアイシャドウでぼかす。
3．チークをアイホールの目尻側にフワっと乗せる。
4．下のラインは、目尻にかけて太めに入れると垂れ目効果。
5．ハイライトを目頭にちょこっと乗せる。

6. マスカラは下まつ毛にもしっかりと。

7. つけまつ毛は目尻用をつけるのがおすすめ。

自分でやっても埒《らち》があかない人は、コスメカウンターへ行って、「パッチリメイクで5割増にしてみて下さい」って言ってみよう。

やってもらうのも、やりかたを教えてもらうのもタダだから。

たぶん、最初は見慣れない。でも5割増な顔にも慣れよう。

# 40 自然で簡単なつけまつ毛講座

普段メイクで、オカマ並にまつ毛の上にペンが乗るようなのはダメだけど、何気にクルンとした長いまつ毛が好きな男は多い。

まつ毛エクステでもいいんだろうけど、個人的にはあまりオススメしない。目を傷つける危険性も含め、まつ毛そのものが抜けてハゲる事があるから。


まずつけまつ毛を選ぶところから始めます。横の長さが3分の2ほどの、目尻部分用を選びましょう。

目頭から目尻までの目全体につける物は、若干長めに作られていて、自分の目の横幅に合わせて切らないといけない。

面倒なうえに、角がまぶたに当って痛いと気になって仕方がなく、「痛っ！」って顔が「殺すぞ！」みたいな目になって怖いので、気を付けたい。

なので、最初はつけるのも簡単で、自然な仕上がりになる部分用のつけまつ毛でトライ。

糊《のり》は、つけまつ毛専用の物でもいいし、二重にする糊でもいい。ササっと確実につけたいなら、伏目がちにしてまつ毛の根元に、アイラインを引くように、サーっと塗っておく。

糊をつけまつ毛にも塗って、10秒ほどフーフーしたら、いざ装着。最初、やりづらい人はピンセットで目尻に合わせ、まつ毛の根元に押しつけるようにしっかりと押しつける。

できる人は、自分のまつ毛をビューラーで上げてからつけたいところだけど、それだと自分のまつ毛が邪魔で、つけまつ毛がつけづらいという人は、まつ毛が下がってる状態で装着。

つけまつ毛をつけてから、つけまつ毛ごとビューラーでグイっと根元から持ち上げる。これ、1回のみ。何度もやると、つけまつ毛取れちゃってまぶたもつけまつ毛も、乾いた糊だらけで嫌な感じになるから、そーっと、グイっとね。

つけたら、自分のまつ毛と自然に馴染ませたいので、お湯でオフできるマスカラで馴染ませる。根元から立ち上げるように、馴染ませよう。

目頭の方は、自分のまつ毛しかないんだから、しーっかりマスカラつけて、「ここにもまつ毛、あります！」アピールしよう。

剥がすときは、目尻の長いところをちょこっと摘んで、端から剥がす。自分のまつ毛も引っ張っちゃうと、痛いし抜けるから、自分のまつ毛は引っ張らないように気を付けて。

**アイメイクが薄くても、まつ毛で目の印象を色っぽくアップさせられるから、お試しあれ♡**

# 41 ナチュラル風メイクでも手抜きはナシ

もう一度言うぞ。**ナチュラルメイクと手抜きメイクは、別！**

すっぴん風のしっかりメイクをしよう。

5割増なパッチリメイクは、合コンなどで。人が多くてもパッと目を引く艶やかな印象になる。

デートには、ナチュラル風のメイクで。自然で落ち着くけど、超可愛くしっかりメイク。**ナチュラル風のメイクの方が、断然モテる！** でも、「可愛い♡」と思わせたいなら、ナチュラル風メイクでも手抜きはナシ。

●5割増メイク↓すっぴん↓正直引く

●ナチュラル風メイク↓すっぴん↓抵抗ない♡

5割増なパッチリメイクで、**MAX可愛い自分の顔を知ってしまった以上、その顔に限りなく近いナチュラル風に仕上げたい。**

●アイラインは、スっと横に軽く伸ばす。細めの線で控えめに

●アイシャドウやアイホールに入れたチークは、パッチリメイクよりも控えめに

●下ラインは、アイライナーで入れずシャドウで入れる

●まつ毛は根元からマスカラをつけ、しっかり立ち上げる

つけまつ毛を使わないので、自分のまつ毛を活用したい。

まつ毛美容液でワサワサに伸ばし、まつ

毛パーマをしておくと、なんとすっぴんもパッチリになるので、超オススメ。

パッチリメイクのところで触れてないけど、アイメイクだけじゃなく、スキンメイクもすんごく重要だからね！　**美肌命！**　シミや毛穴はしっかり埋めておきたい。だけど、目元よりも肌感で「うわ、厚化粧！」という印象を与えてしまうパターンも多い。

似合うメイクは、練習あるのみ。自分の顔で、じっくり研究して！

# 42 臭ってませんか？

シャンプーの香りなんかで男の五感を刺激するわけだけど、気付かぬところで求められてない香りで刺激してしまっているオイニーな女、います。

**口臭い女**。代表的なのはタバコ。吸わない人は吸う人と喋るとすぐにわかるよね。お互い吸うとしても、女の口から漏れ出すタバコ臭、気になります。吸わない男は、そんな女とチューしたいと思うか？　吸う人はガムを食べる、歯磨きするなどで、それとなくケアしよう。

**服が臭い女**。服につくタバコ臭、ペットや埃《ほこり》の臭い……。本人は慣れてて気付かなくても、他人は気付くもの。なんとなく獣臭い女……自分にとっては愛らしいペットの香りも、他人からしたら動物園の臭い。

生乾きの服、焼肉屋の臭いに、いろんな甘い香りが混ざって苦い臭いになってたりとか。自分が無臭になった風呂上がりに服をクンクンしてみよう、臭いに気付くから。

**髪や頭皮が臭い女**。髪が長い人は特に、髪を洗うのは2日に1回なんて人も少なくない。それは全く問題ないんだけど、汗をかいた日は、頭皮も汗をかきまくってる。その汗が、覆われた髪の下でジトジトになり、雑巾のような匂いを放つ。堪えがたい。

熱い抱擁をした瞬間、モワっと鼻につく雑巾臭、それにタバコの臭いが混ざったもんなら、まるで兵器。すごく危険。

**足が臭い女**。冬はブーツで足が臭く、夏は裸足で履き続けるサンダルで足が臭く、結局1年中足が臭い。

彼の部屋に上がっても気になるし、「今日はヒールで沢山歩いたから、足が疲れたでしょ。マッサージしてあげるよ♡」なんて言いながら彼が足を持った瞬間、後頭部を何かでガツンと殴られたような衝撃に彼が倒れたら、可哀想だし恥ずかしい。

足臭になりやすい人は、足にもデオドラントだよ！　スプレーや足用石鹸でこまめにケアを。

**全体的に臭い女**。体臭。ちょっと汗をかくと、ボワ～ンと重たく苦い臭いに包まれる女。これは、日頃の食べ物や運動（代謝）が影響する。

本人は全く気付いてないし、デオドラントでどうにかなる問題じゃない。水分を沢山取って、汗をかき、デトックスすると出なくなる。

いい香りなだけで、**「いい香り＝いい女＝好きかも」**となるように、**「臭い＝苦手＝嫌いかも」**となることだってある。可愛いと思われても、その後に臭いと思われたらアウト。

男女共に、清潔感は大事！

臭いはね、生理的な問題だから、生理的に無理と思われたら無理なのよ。

ジャンクフードばっか食べてたら、ダメだからね～！

# 43 モテヘアを学ぼう

起きてとかしただけの、どう見ても適当な髪で「いい女になりたい」はないでしょ。

今の髪型、自分を最大限ステキに魅せる髪型になってる？　顔の長所を活かして短所を隠すような髪型になってる？

**髪は自分を飾るアクセサリーです**。毛先まで意識を向けてちょうだい。**髪が綺麗な女は、モテます**。髪が汚い女はモテません。毛先までしっかりケアしてね。

綺麗な髪からフワっと漂うやさしい香り。こういうところから、恋が生まれるんです！

まず、髪色。私は断然黒髪派。日本人たるもの、アジアンビューティーでいてほしい。でも、20代で髪質が硬かったり多かったりする人は、若干明るくすると印象も明

るくなるよね。
でもでも、30代になってもやたら明るい色だと、見た目に無理が出てくるので要注意。30過ぎて茶髪で痛んだ髪してると、安っぽいババアだよ！　見た目の印象を大きく左右するからね！

髪色を明るくするのはいいけど、根元プリンになると、なぜか印象として清潔感がなくなるので、これも要注意。カラーリングするならアフターケアをしっかりと。

見た目、ボサっと見えてしまう子が多い。ゆるフワを根元からやっちゃって、ボサフワになってるパターン。

髪が少なめでボリュームを出したい人以

外は、上手に清潔感のあるクセ毛風テクをお持ちならばいいけれど、あまり根元からのパーマはオススメしません。

リアルクセ毛なら、まとめ髪ですっきりと、毛先にクセを活かして、コテで調整。何しろ清潔感。だけど、フェイスラインにちょこっとかかる、揺れる髪を作ろう。それだけで、とーってもフェミニンな印象がアップ。

分け目を思いっきり変えてみたり、おデコを出してみたり、あらゆるヘアアレンジに挑戦してみて。**髪型ひとつで、雰囲気美人にガラっと大変身できるんだから！**

# 44 ダイエットは脳計画

わたくし、たまに「ダイエット基礎知識講座」なるものを開講しています。間違えたダイエット知識を信じて、心と身体に鞭《むち》打って、結局リバウンドするというループを繰り返している子が沢山。何それ、何かのプレイなの？　リバウンドするたびに、元の体重よりもちょっとずつ増えて、徐々に体重を増やしてしまってる人が多い。そんな方式、ダメでしょ。

**ダイエットは、脳を誤摩化しながら、計画的に行うべし！**

まず、つらすぎるダイエットは、長続きしない。「2ヶ月でダイエット！」なんて言うと、2ヶ月だけ頑張ればいいと思って、無理をする。

その結果、2ヶ月で痩せても、その後続けないから太るよね。「じゃあ、ずっと続けないといけないの？　無理なんだけど！」じゃなく、**「ずっと続けても無理がない**

**やり方」**を身体と脳が覚えてしまえば、楽チン♪

例えば、毎日3000キロカロリーを摂取してるとする。まあ、食べすぎだよね。既にかなり脂肪を蓄えてるし、急に食事を減らしても大丈夫～なんつって、急に2000キロカロリーまで落とすとする。

1日に2000キロカロリー食べてたら、十分だよね。でも、脳はずっと3000キロカロリー食べてたのに、急に1000も減ったから、「ヤバい、死ぬかも！」と思って、「もっと食べろ！」という信号を流す。

すると、無性に何か食べたくて仕方なくなる。しかも、1000も減らされたから、「摂取してる食べ物の中からしっかり栄養を吸収しまくらないと！」という信号も流し、少ししか食べてないのにたっぷり吸収する身体になる。

そんなリバウンド体質にならないようにするには、3000キロカロリー食べてたら、1週間目は2800に減らす。2週間目は、2600に減らす。こんな調子で、ちょーっとずつ「ちゃんと食べてまっせ」と**脳を誤摩化しながら減らしていくこと。**

しかしただ摂取カロリーを減らせばいいというのも間違い。500キロカロリーを食べるのに、お好み焼きとステーキだったら、ステーキでタンパク質を摂取した方がいい。

「でも肉は太るんじゃねーの？」と思うでしょ。赤身のお肉は、脂肪を燃焼させるのを手伝うのだ！

そして、炭水化物を一切食べない方式をするアホが、まだいる！　空腹になりストレスが溜まるし、脂肪燃焼率も下がる。

お茶碗1杯分くらいは、毎日食べないとダメだよ！

痩せられない人で、「量も食べないし、間食もしないのに、痩せないの」と言う人が多い。そんな人は食事ノートを付けると、どこで余分なカロリーを摂取しちゃってるのかわかるから、食事ノートを付けるようにしてみて！　絶対余計に食ってるから。

あと毎日野菜食べてるかとか、食事の内容も書いて確認してね。

# 45

# ヒールを履きこなすと痩せる

ペタ靴をおシャンティーに履きこなせるのもステキだけど、なぜか男はハイヒールの脚が好き。それに大人の女なので、ハイヒールくらい履きこなし、カッカツ音を立てながらスタスタと美しく歩きたい。

ハイヒールを履きこなすと痩せるって、知ってた?

**高さのある靴を履きこなすには、体幹が必要なのです。**

まず、その場でつま先立ちをしてみよう。

かかとが外に開いて、重心が足裏の外側に乗ってしまってる人は要注意。その状態でヒールの高い靴を履くと、脚の形が悪くなります。

普段ハイヒールを履く人は、靴を平らなところに置いて、後ろから見てみよう。買

ったときに比べて、曲がったり傾いたりしてない？
これは、靴の真ん中にちゃんと乗れてない証拠。姿勢も悪くなり、骨盤や背骨のゆがみにもつながってくるから、要注意！

つま先立ちをしたら、親指の付け根に体重を乗せるような感じで、左右のかかとをくっつけてみよう。足先から脳天まで真っ直ぐなイメージ。

この状態で、部屋の中をウロウロしてみよう。歩くときは、内股にならないよう、つま先はちょっと外に向けて、1本の線の上を歩くように真っ直ぐに。

膝下だけを使わず、脚全体を使って歩こ

う。

**ついでに下腹部にもしっかり力を入れ、フラフラしないよう体幹も鍛えながら、ふくらはぎ・足裏全体・お尻・背筋・腹筋、いろーんな筋肉が鍛えられる！尻も上がるぜ！**

ヒールの靴は、アキレス腱が縮んだまま歩いている状態。歩いた後は、アキレス腱をしっかり伸ばしておこう。足裏マッサージも忘れずに。

ハイヒールで、見た目も美しく、体幹も鍛えて、ブレない女になりましょ～♪

column

# ハーブでコントロール

イライラしたら、食っちゃうよね。暴食したら、肌が荒れて、胃がもたれるよね。

ついでにむくんだり、ダルくなったりしちゃうよね。

だから、また食っちゃう…困る～!

そんな悩みは美味しく飲めるハーブティーで、簡単に改善してしまいたい。

「私、部屋でハーブを育ててるの。採れたてのハーブで、お茶淹れるね♡」なんて、植物を育てることも楽しんでもらいたいところだけど、始めはちょっとずつ。

column

**イライラを抑えたい**

レモングラス／レモンバーム／カモミール

どれか1種類でもいいし、3種類を混ぜても相性がいい。甘く爽やかな香りが、気持ちをリラックスさせる。

自律神経を整える作用があるので、キレたり泣いたりする乙女は日常的に飲んでみよう。しっかり、香りと味も堪能しながら。

**甘い物を食べちゃうときは**

ギムネマ／リコリス

生理前など、どーしても何か食べたくなってしまうときって、あるよね。そんな時は、糖分の吸収を抑えるハーブで、ちょっとだけ無かったことに。リコリスの甘みで、甘党の人をさらに満足させること間違いなし。

**食べすぎて胃がムカムカ**

ペパーミント／タイム／ローズマリー／カモミール

うっかり食べすぎて、胃が気持ち悪い。ゲップが止まらない女を救うのは、これ。

健胃作用や消化を促進させるペパーミント、胃腸に働きかけるタイム。ローズマリーでリフレッシュ。

タイムやローズマリーが苦手な人は、ペパーミントとカモミールの組み合わせがオススメ。

ペパーミント／タイム／ローズマリーは、頭をすっきりさせ、やる気満々になりたいときにも効果的。

これらのハーブは、ハーブのお店やインターネットでも購入できる。

また、ペパーミントやローズマリー、レモンバームなどは育てるのも簡単だし、料理にも使えて便利。

column

初心者には育てやすいハーブの代表・バジルがおすすめ。バジルには素晴らしい効果も山盛りで、β-カロテンや老化防止のビタミンEも豊富で、鉄分／カルシウム／マグネシウムも。

その他にも、鎮静作用や健胃作用、殺菌作用も強い。

育てて、ささっと料理に使ってできる女アピール♡

# step5

# 彼が触れたくなる身体を手に入れる

# 46 愛される身体を手に入れる

とりあえず、痩せたい？　てか、痩せたら「いい女」？

ただひたすら食事を減らして痩せても、胸は小さくなるし、顔はハリがなくなるし、色気がないよね、色気が。

だからって、猛烈ストイックに筋トレしまくって、ムキムキな筋肉女になっても、それもどうかと。

**ほどよく女性らしい、愛される身体**を手に入れたーい！


「ほどよいメリハリと、柔らかさ」

乳とお尻以外の柔らかい場所は触られたくないと思ってしまう女子は多いと思うけど、骨っぽいよりも、ムキムキよりも、**男はそんな柔らかい女の子が好き**。

柔らかいと言っても、重力に従いまくったポテポテの身体という意味ではない。太っていてもメリハリのある子もいれば、細くてもポテっとだらしない身体の子もいる。

それって、何が違うと思う？　答えは、「インナーマッスル」
身体の中の中にある、ムキムキにならない筋肉がしっかり鍛えられていると、細くても貧祖にならず、おデブはグラマーになる。

なぜかみんな、体重ばかりを気にする。
でもさ、実際体重なんて計ってみないと、見た目だけじゃわからないじゃん。同じ60キロでも、脂肪だらけの60キロと筋肉もある60キロじゃ、見た目が全然違うからね。
**体重計の数字に惑わされる必要はなく、大事なのは見た目！**　惑わされてもいい数字は、体重じゃなく体脂肪。だから体重計には乗らなくてよし。

筋肉量が増えれば一時的に体重は増えるけど、体脂肪は確実に下がってる。この状態になった後に、徐々に体重が減り見た目が変わる。

なのに、筋肉が増えてることに気付かず
「頑張ってるのに体重が減らない。むしろ増えた、有り得ない…」

と、ダイエットを投げ出す子が続出。焦らないで、中から変化してるから。

筋肉量が増える↓代謝が上がる↓内臓脂肪が燃える↓皮下脂肪が燃える。

**見た目に変化が出てくるには、時間が掛かるのは当り前**だと言うことを知っておこう。**1ヶ月くらいじゃ見た目は変わらない。**急な変化を求めると、リバウンドするから要注意。急激に食事は減らしちゃダメだからね！


姿勢のところでも書いたけど、**姿勢が良くなると雰囲気美人になる。**いい姿勢を保つには、それを支える筋肉が必要。だから**インナーマッスルができると美人に見えるように**なる。


身体の外はムキムキにせず、身体の中に筋肉を付ければ、見た目もよくなって、代謝も上がって太りづらくなるなど、良い事ばかり。

毎日の簡単エクササイズで、身体の中から美人になっちゃいましょう！

# 1 常にお腹に力を

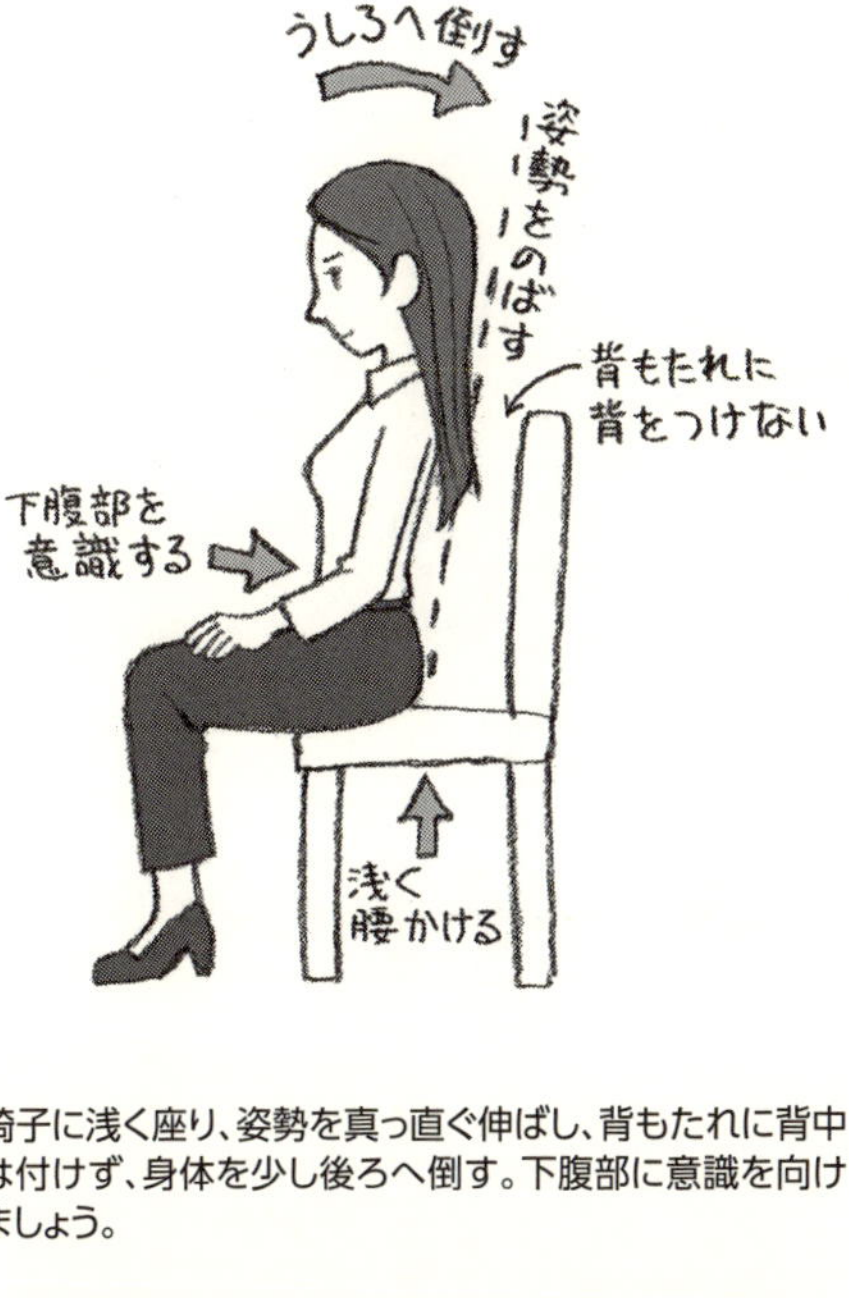


椅子に浅く座り、姿勢を真っ直ぐ伸ばし、背もたれに背中は付けず、身体を少し後ろへ倒す。下腹部に意識を向けましょう。

**立**っていても座っていても、歩いていてもボケーっとしていても、常にお腹に力を入れておく。腰痛持ちの人は腹筋が弱い人が多い。食ってもペタンコキープできるお腹作りを!

彼に愛される身体を作るエクササイズ

## 2 立ちながら尻・ふくらはぎ

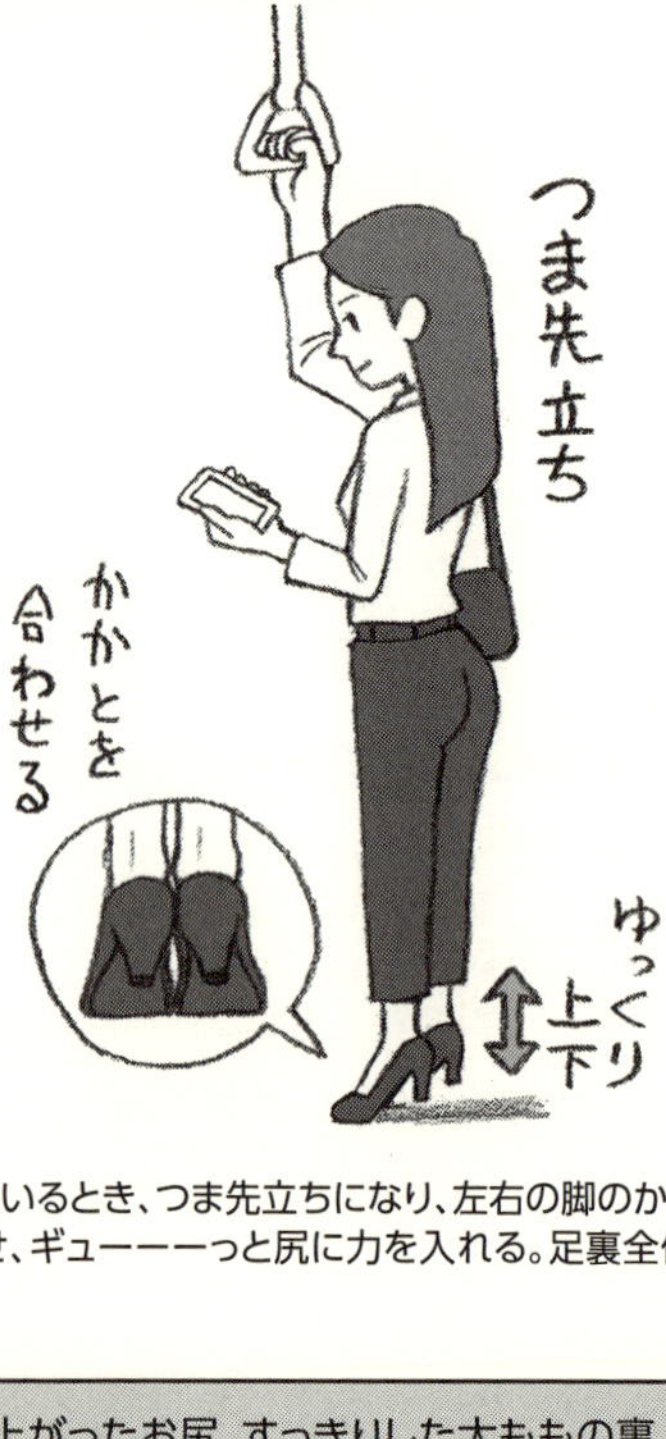


立っているとき、つま先立ちになり、左右の脚のかかとを合わせ、ギューーーっと尻に力を入れる。足裏全体を締める。

ぷりっと上がったお尻、すっきりした太ももの裏。見落としがちな後ろ姿も美しくね！　つま先立ちでギューっと力を入れながら、ゆーっくり上下してみよう。変な人と思われない程度に。

# 3 体幹その1

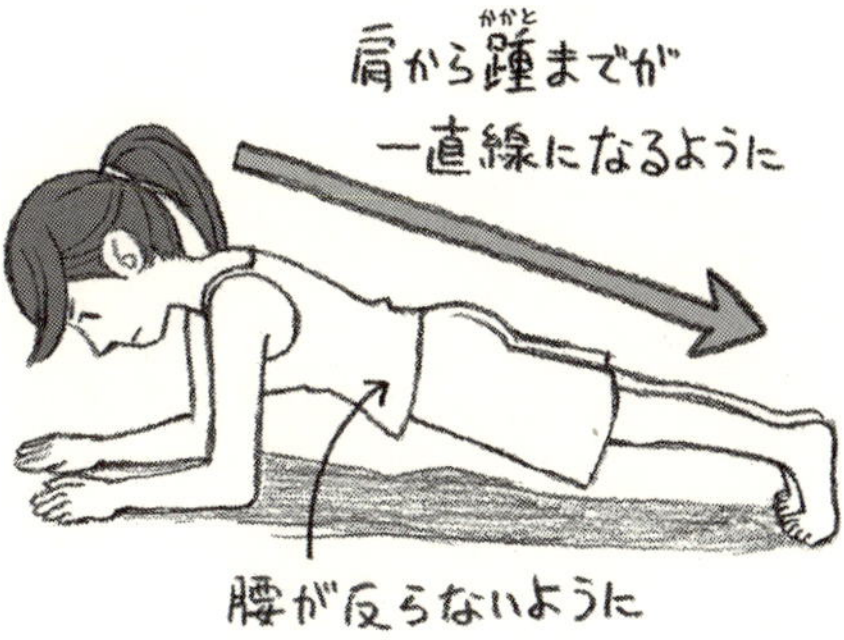


うつ伏せになり肘を立て、腰が反らないように下腹部に力を入れ、肩から踵までが一直線になるよう、身体を浮かせる。

どんなに着飾っても、体幹がないと、なんとなくだらしない印象を与えがち。ちょっとポッチャリでもシャキっとメリハリの印象、常に美しく凛とした姿勢で歩ける女に体幹は必須よ!

# 4 体幹その２

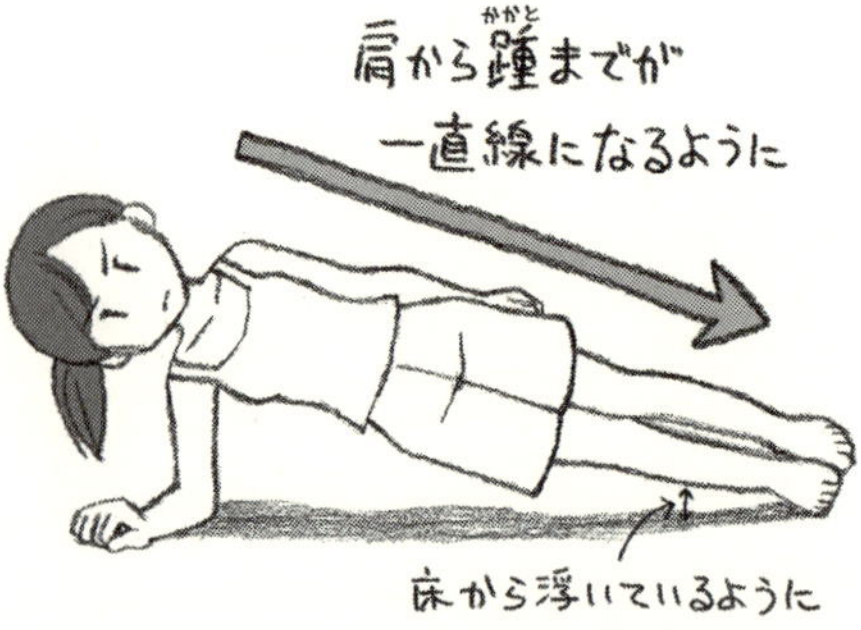
肩から踵《かかと》までが
一直線になるように
床から浮いているように

身体を真横に向け肘を立て、肩から踵までを一直線にする。下の脚のふくらはぎが床から浮いているように。

# 5 骨盤底筋群

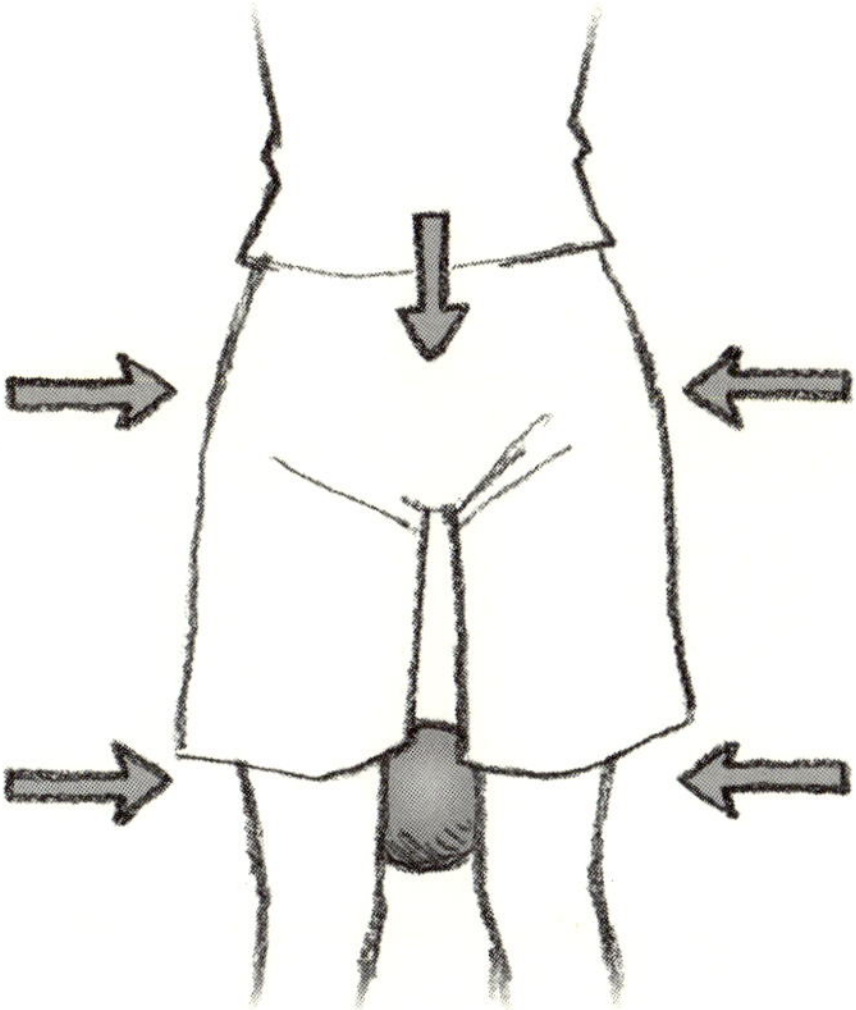

骨盤を真っ直ぐにし、股の間にボールなどを挟み、内もも、お尻、おしっこ我慢する様にオマタに力を入れていく。

この骨盤周りの筋肉がゆるむと、骨盤が開き内臓が下がりポッコリお腹に。代謝の低下、浮腫や冷えなどを引き起こす原因になる。30歳くらいからゆるんで来るよ!　しっかり鍛えて!

# 6 腸腰筋

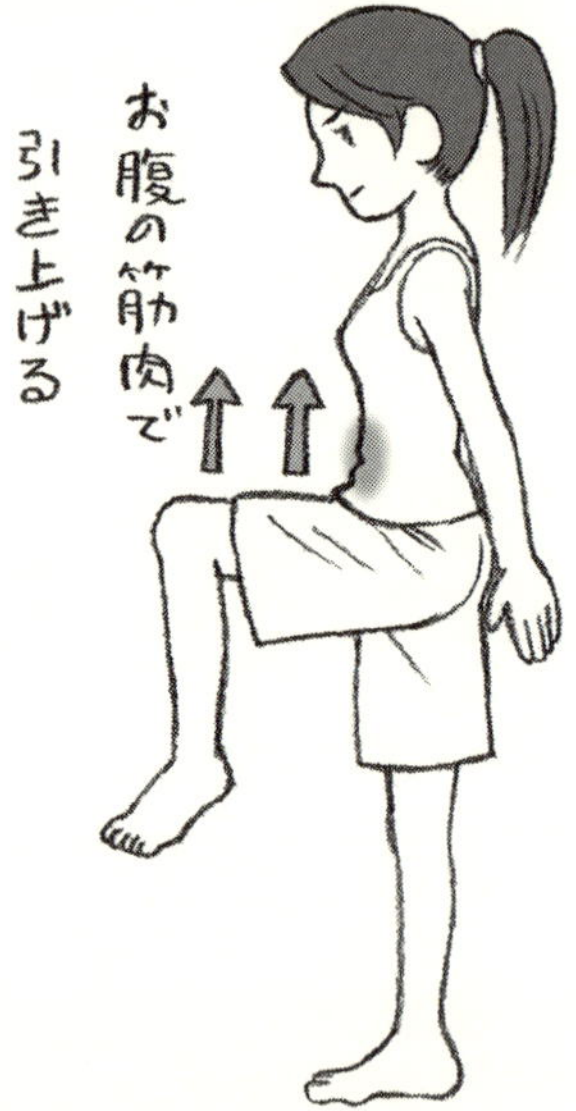


片足の膝を軽く曲げ、脚全体を上へ引き上げる。太ももの筋肉で上げず、お腹の筋肉で脚1本の重さを引き上げる。

# 7 デコルテエクササイズ&ケア

肩を回し鎖骨を動かす。鎖骨にくぼみを作ったりフラットにしたり。指をチョキにして鎖骨を指の間に挟みマッサージ。

鎖骨でエロス♡　鎖骨の美しさで上品なエロスを表現したい。首から鎖骨のラインが肉に埋まってることのないよう、クリームを付けて指を滑らせながらケア。クリームで美肌もついでに作りつつ。

# 8 顔マッサージ（ほうれい線）

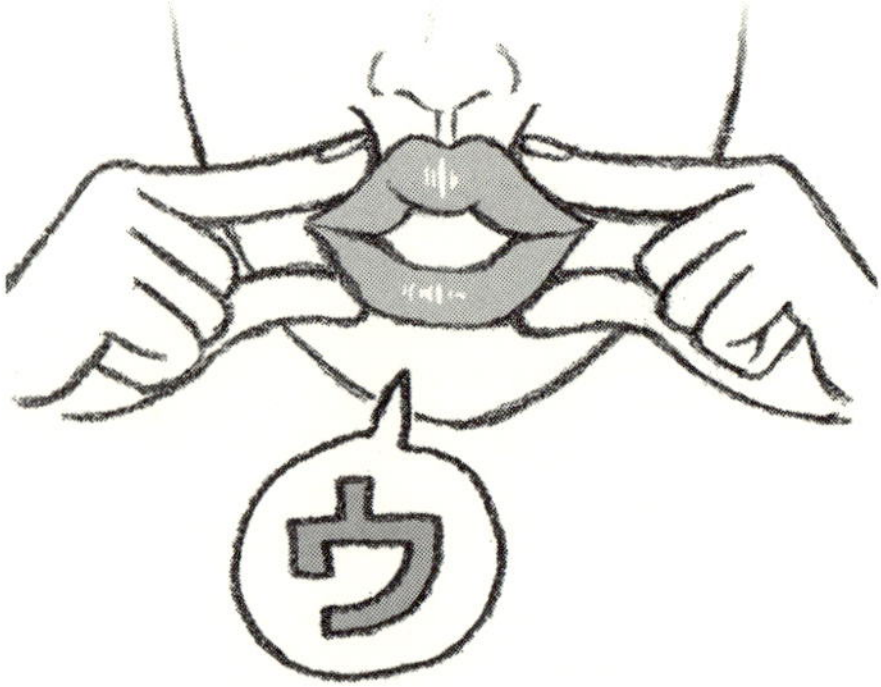


左右の親指を唇の下に、人差し指を唇の上にあて、唇を挟む。そのままアヒル口を作り、口を「ウ」の形にすぼめる。

**年**齢が一番出るのが、ほうれい線。若くてもほうれい線があるだけでババアに見えてしまう。ババアでもほうれい線がないだけで若く見える。しっかりケア、歯磨きとセットで毎日ね。

# 9 全身リンパマッサージ（上半身）

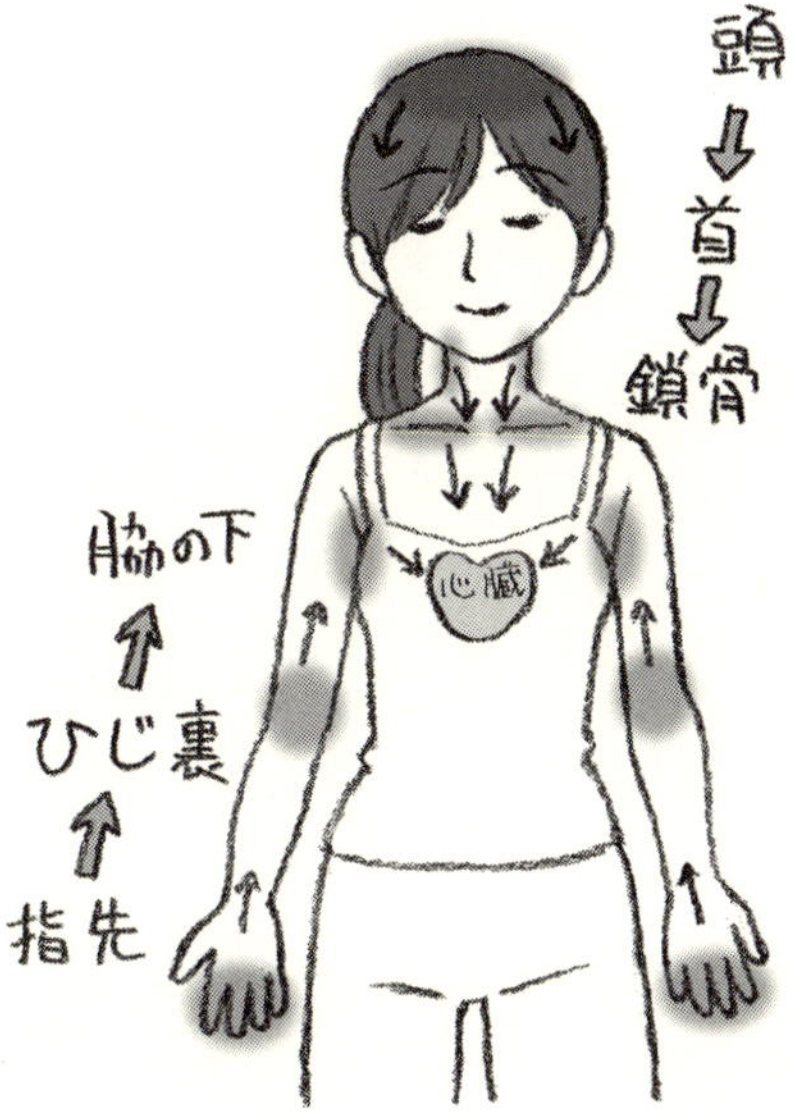


頭→首→鎖骨、指先→肘裏→脇の下、グリグリとマッサージしながら、心臓へ促すように。痛くない程度で大丈夫。

**食**べてないのに太るんです、って言う人の95%は食べてるけど、そうでもないのに痩せづらい人は、毒素が詰まってるかも。全身のリンパを流して、毒素排出。風呂に入ったら毒流し。

# 10 全身リンパマッサージ（下半身）

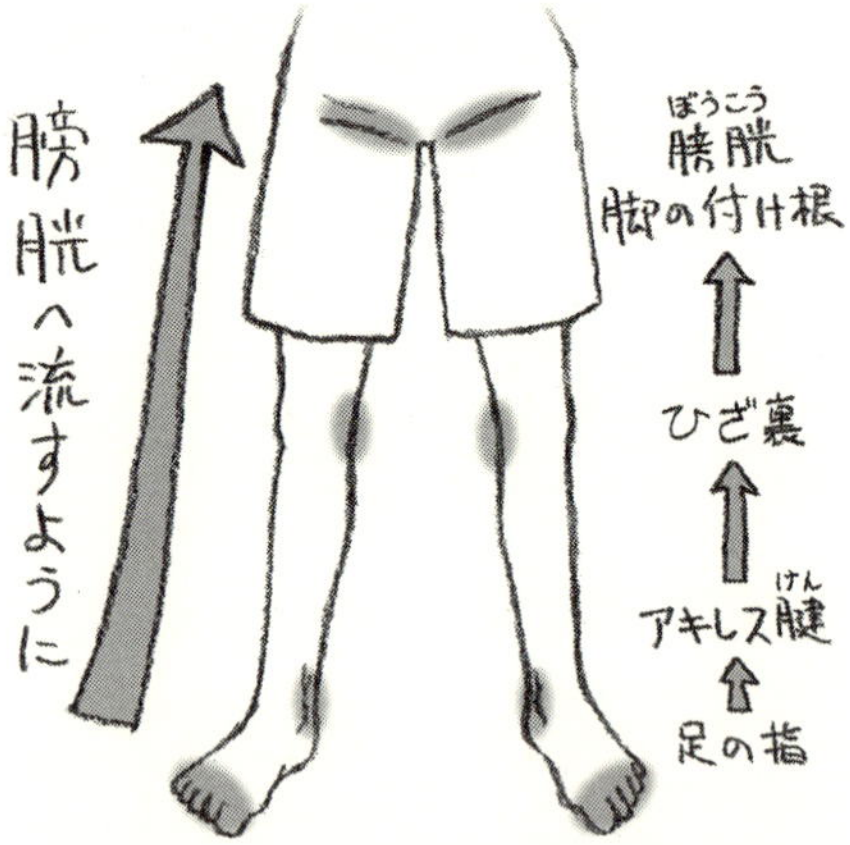


足先から身体の中心に向け、全ての関節をグリグリする。足の指→アキレス腱→膝裏→脚の付け根、膀胱へ促すように。

# 11 頭のマッサージ

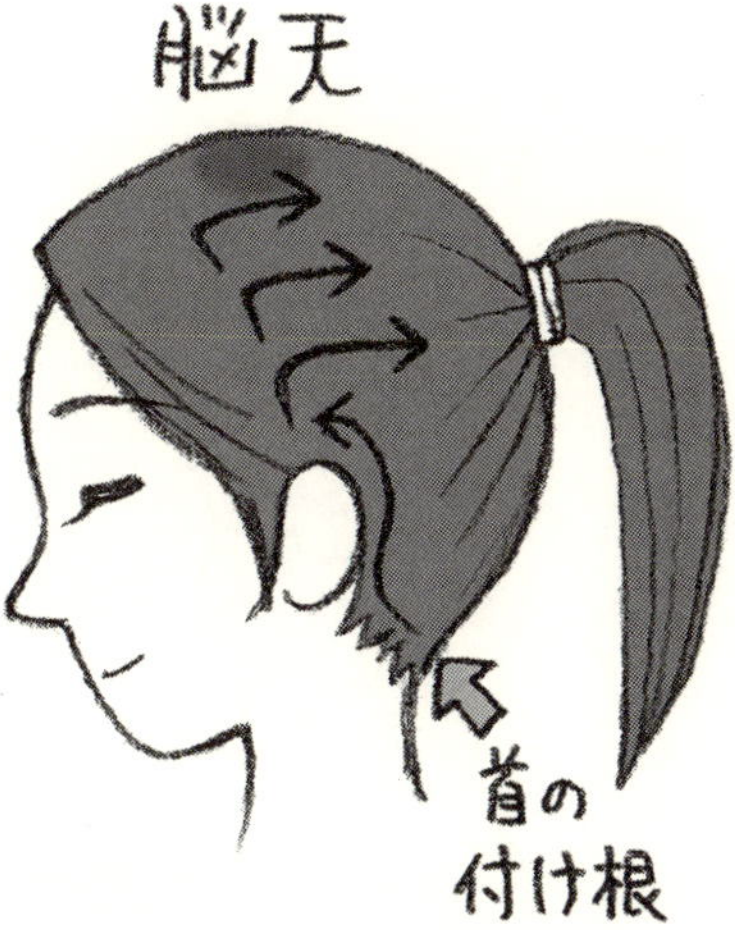


首の付け根から、このラインに沿って指をクルクル回すようにマッサージしていく。脳天のラインをギュっと数回押す。

自律神経が乱れがちな女子の皆さん、頭と耳をしっかりマッサージして、リフレッシュしておこう。頭の脳天ラインや耳の上部は自律神経のツボ。暇さえあればここを刺激だよ!

## 12 耳のマッサージ

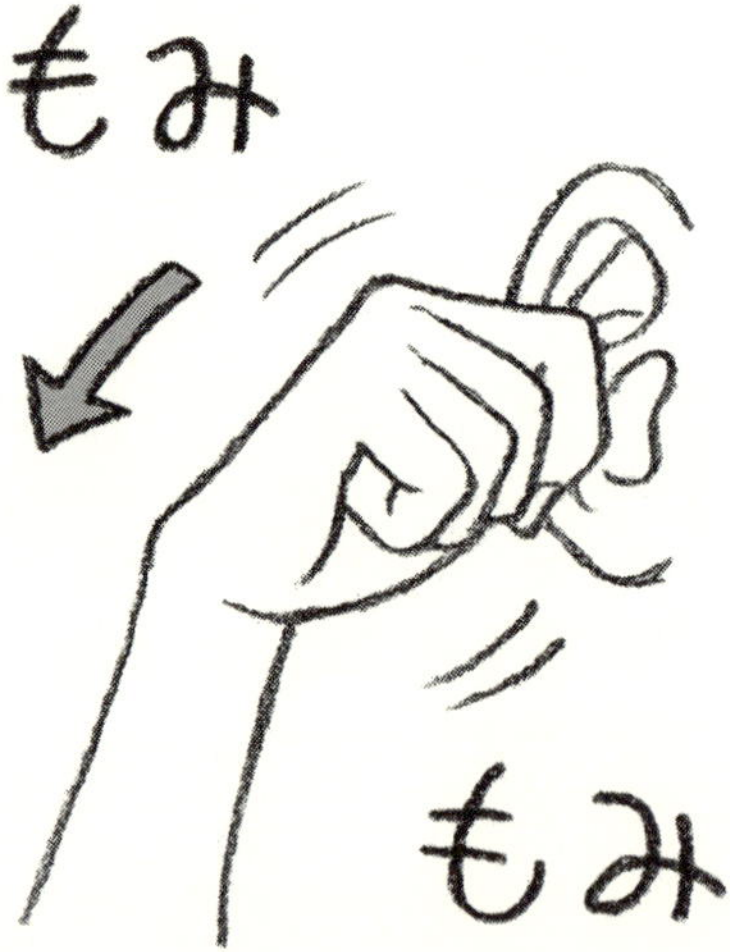


手をグーにした状態で親指と人差し指の間に耳を挟み、揉み解しながら引っ張る。耳の上の方はちょっと強めに挟む。

# おわりに

きっと、読み進めるうちに、「うるせーなー！（怒）」と思うところも多々あったことでしょう（笑）

むしろ、あった方がいい。イラっとしたところ、図星だったところ、認めたくないところなどなど、受け入れて認めちゃいましょう。

すると、無駄に頑張っていた事や、頑張ることを放棄する気持ちから開放されるから。そこから、楽しく前へ進めるから。

女に生まれて損だと思っていた過去の私がいたけれど、女に生まれちゃったんだし、女に生まれたことを楽しんで、思いっきり得して、「生まれ変わったら、また女の子になりたいな～♡」と思うほど満喫しないとね。

自分に自信を持って、堂々と生き生きといられる事はもちろん、一人の女性として、愛する人から大切にされ、愛されることは、本当に本当に幸せなこと。

見て見ぬ振りをする恋、ダメ男に振り回される恋愛、妥協できず男性と向き合えな

い姿勢、全部ポイっとしたら、楽になるぜ〜☆

とは言え、「完璧な女性」になるなんて無理。そんな女性になる必要もなく、自分らしく、たまにはダメで、たまにはわがままで、たまには弱くてもいい。

そんなちょっとダメなところ、隠しても無駄。

そんな自分までも楽しんで生活できたらいいよね。

1回しかない人生、楽しまなきゃ損だもん！


私は、自分が変われるようになってから増えた恋愛相談が、こうした恋愛本を書くようになってからさらに増え、日々いろんな恋の悩みを聞いている。ときに客観的に。ときに自分の事の様に。

みんな、

「自分の人生は、自分で輝かせる」

「自分の恋愛は、自分で良い物にする」

「出会う相手も、起こる出来事も、自分の鏡みたいなもの」

と言う事に気付いて、笑顔で巣立ってゆく。

そんな事を偉そうに言っている私は、完璧なわけではない。

常に、日々成長よ。成長に終わりはない分、無限に成長できる楽しさもあるよね。


好きな人と付き合う、一緒に生活をする、結婚して家族になる。

でも、元々は別々の環境で育った他人、意味不明で奇怪に見える行動や、カチンとくる言動があるのも当り前、お互いに。

「自分だったら、どう伝えてほしい」を考えるものいいけど、その「自分だったら」が万人に共通するとも限らない。どこまでも歩み寄ろう！

開いた穴を埋め合う恋愛じゃなく、「一人でも立派に立ててるけど、二人だったらもっと幸せだね～♡」を目指して、笑いっぱなしのハッピーライフを送って下さい☆
最後まで読んでくれて、ありがとう。幸せな報告、待ってるね～♡

アンドウミカ

◎本書は2013年7月に小社より刊行された『結婚したいと言わせる愛される女になる本。』を改題し、再編集したものです。

文庫ぎんが堂

男は、こんな女を絶対手離せない。

2018年4月20日　第1刷発行

著者　アンドウミカ
イラスト　熊野友紀子
　原田鎮郎（株式会社WADE）
ブックデザイン　タカハシデザイン室
編集　安田薫子
DTP　松井和彌
発行人　北畠夏影
発行所　株式会社イースト・プレス
〒101-0051　東京都千代田区神田神保町2-4-7　久月神田ビル
TEL 03-5213-4700　FAX 03-5213-4701
http://www.eastpress.co.jp/
印刷所　中央精版印刷株式会社


ISBN978-4-7816-7166-6